親し
できない！

子どもの生きる力を育むための本

子どもが細胞から甦る！無人島が教えてくれた教育の原点

奥 真由美

Clover
クローバー出版

はじめに

日本中の子育てをされている保護者のみなさん、毎日本当にお疲れさまです！

子どもを育てるということは、人生の大きなウエイトを占める大切な一大事業。私も子育て経験者ですから、その大変さや悩みはよくわかります。また学習塾の塾長として、25年間約2000人以上の親子と関わってきました。

その経験を通して、日本の子育てはこのままではマズイといった危機感を強く抱いています。この国の教育のシステムのひずみが問題視されている今、子どもたちの社会の中でやっていく力、いわゆる「生きる力」が非常に弱い。つ

まり家庭における子育てにおいても、この力をつけてあげられないさまざまな要因を抱えています。

学校生活の中でも、家庭生活の中でも、苦しんでいる子どもたちがいかに多いことか。「こうであるべき」といった見えない枠の中で、子どもたちは期待に応えたいけれど応えられない。ただ頑張ることが目標で、自分らしさには気づけない。

そんな環境の中で、子どもは自分らしく輝けるでしょうか。それは本人に魅力や能力がないのではなくて、家庭や学校というまわりの環境が魅力を引き出せていないだけだと思います。不登校の子どもが激増していることも、このような環境が生み出していることは否定できない事実です。

子どもたちは一人残らず可能性のかたまりであり、その子なりの才能を必ず持っています。これまで数千人という子どもたちと接してきた経験から、私はそう確信しています。

自分の子育ての経験と、学習塾の塾長として長年親子関係を見てきた実感などを通して、教育に関する気づきや確信のようなものが積み重なっていきました。それが今、大きな財産となっています。

この大切な財産を、たくさんの保護者のみなさんと共有しながら、子育てという一大事業を通して日本の未来を明るいものにしていきたい！　それが今の、私の一番の願いです。

その第一歩として、本書を執筆しました。本書が、将来をたくましく生きていく子どもたちを育てるための羅針盤になると信じています。

奥　真由美

contents

c o n t e n t s

chapter

4

今日から実践！ 生きる力の鍛え方

chapter 5

失敗したっていいじゃない！ あきらめない心を育てる

chapter 1

子育てのゴールはどこにある？

子どもを愛するばかりに、
子どもとの境界線がわからず一体化してしまう……
あなたにも、心当たりはありませんか？
どんなに愛していても、子どもは別人格。
いつも心に留めながら、
子どもをよく見つめる子育てを意識したいものです。

親子の関係性は普遍的？どうもそうではなさそう

子どもたちと接する毎日の中で感じる、不思議な違和感。四半世紀もの長い期間、教育の現場にいる教育者としての勘が働いています。

この違和感の正体は、親子の関係性、とりわけ親の子どもへの関わり方です。時代とともに変化してきた親のあり方……本当にこれでいいのでしょうか？

まずはこの違和感がなんなのか？　みなさんと一緒に考えていきたいと思います。

子どもたちは幸せなの？

地元秋田を中心に、一風変わったユニークな学習塾を活動の拠点としながら、フリースクールの運営、さらに幼稚園から高校まで、幅広く学校教育のアドバイザーとして、現場を見せていただきつつ、秋田県教育委員会の委員を拝命するなど、思えば私の人生は四半世紀以上、教育とともにありました。

大学卒業後、国語の教師として、秋田の山深くの学校で教鞭をとる日々は、楽しく充実した時間ではありましたが、いつからか自分のやりたい教育の形は学校の中では難しいと感じ、学校現場を離れました。

その後、取るもの取り敢えず、あと先も考えず、教育のフィールドを大自然の海と無人島へと移し、大型ヨットで航海する冒険の学校にチャレンジすることを選びました。あの得難い時間、まさに命がけで子どもたちと向き合って、人を育てるとは何なのか、そんなことを考えました。無人島での経験は、まさに私の教育理念の原点。それについては、後述します。

数年の無人島プロジェクト引退後は、秋田に戻り、私塾を開校し、たくさんの子どもたちと出会い、今に至ります。

こうした仕事や社会活動に加えて、私自身が二人の子どもを育てる母親であったことから、子どもたちの友人関係や親を見る機会が多く、その中で、次第に「子どもたちはこのままでいいの?」という疑問が、ふつふつと湧き上がってきたのです。

一番違和感を持ったのは、とにかくお母さんが子どもの代わりに何でもやってしまうこと。そして何でも決めてしまうこと。

いわゆる「超過保護な状態」で育てられる子どもたちは、母親に委ねていれば確かに生きていけるのでしょう。裏を返せば、お母さんがいなければ自分では何もできないということです。

それは、子どもを取り巻く環境の中に、驚くほどたくさんありました。もしかすると、みなさんのまわりにも似たような事象があるかもしれません。

思い浮かべてみてください。

たとえば中学の部活の練習試合でのこと。

子どもたちが試合で使うボールを、親たちも手伝って車から会場へ運んであげていました。「なぜ?!」……ボールを使うのはあくまでも子どもたち。なのに、どうして親も運んであげるのでしょう? もちろん、私はボール運びは手伝いませんでした。「え? なぜ手伝ってあげないの? 冷たい……」そんなふうに思われたかもしれません。ほとんどのお母さんたちは、お昼もお茶を配ったり、暑いからとうちわであおいであげたりと、何から何まで至れり尽くせりでした。

改めてまわりを見渡してみれば、普段からちょっと雨が降れば迎えに行く。

忘れ物は届ける。時間割も確認し宿題もみてあげる、朝は遅刻しないように起こしてあげる……。何でもやってあげています。この先子どもたちはどうなってしまうんだろう……マズイ……違和感を持ち始めました。

（子どもたちを無気力にしてしまうものは）

今の子どもたちは、「こういう場合はどうしたらいいのか？」と考えたり、選択したり、判断したりする機会がほとんどない環境で育っているように感じます。いわゆる**〝危機管理能力〟というセンサーが育っていない**のです。

それはなぜなのか。

前述したお母さんによる「過保護」が一因であることは間違いありません。

子どもたちが自分で悩み、考え、選ぶ機会を、母親に奪われている状態です。

たとえば勉強。

子どもたちにとって勉強は、毎日のルーティーンワークにすぎず、何のためにやっているのか、なぜ学んでいるのかをよく理解しているわけではありません。学校でテストがあるし、お母さんからやれと言われるし、塾に行かされているから勉強する。そのくり返しのようです。

こんな状態が続くと、子どもはどうなってしまうのでしょうか。

最も危惧しているのは、子どもの「生きる力」が育たないということです。

とにかく子どもに失敗させたくない、苦労や難儀なことを避けてやりたいという親心が、結果的に子どもたちの可能性を大きく狭めてしまっています。なんと悲しく不幸なことでしょうか。

子どものために良かれと尽くすお母さん。そんなお母さんに対して、子どもは激しく反抗するかあきらめてただ言いなりになって従うかのどちらかです。

反抗するならまだマシ。ある意味健全だと言えますが、それまで自分の頭で考え判断する経験がないために、論理的な反論ができず、感情だけをぶつけるだけなので話を聞いてもらえず、親の言うことだけが正解であきらめるしかなくなる。そんなことをくり返していくうちに、子どもはやがて、反抗することをやめ、無気力に従うだけになっていってしまう、そんな子どもたちをたくさん見てきました。

お母さんはどうして子どもに干渉し過ぎるのか

塾に通ってくださる生徒のお母さんとは、できるだけ話をする機会をつくっています。また、塾の保護者に限らず、教育カウンセラーとしても学習相談や子育ての悩みを全国の保護者からうかがっています。

そうやって、たくさんのお母さんの姿に触れていると、超過保護な子育てをするお母さんがどんな考えを持っているのかがわかるようになってきました。

子どもにかまいまくるお母さんの「あるある」は、以下の3つが多く見られます。

あるある1 苦手だったことを子どもにやらせたい、自分の学歴を越えてほしい

たとえば、自分は英語が苦手だったから、子どもには英語ができるようになってほしい。ピアノを習っていたけれど、中途半端で終わってしまったから、子どもにはある程度までいってほしい……など、自分の経験から自身でできなかった理想や夢を子どもに代わりに叶えてもらいたい、という思いからくるようです。

あるある 2 失敗させたくない、子育ての成功が欲しい、認められたい

お母さんが、自分の学歴に満足していない場合によく見られる傾向です。こういう場合、子どもの出来が悪いと、自分のせいだと思われるのが辛いと悩むケースが少なくありません。

あるある 3 自分の母校に入れたい

お母さん（もしくは父親、祖父母など）の母校が優秀な学校である場合、このパターンがよく見られます。母校を誰よりも知っているし母校愛もあるので、子どもを入れたいと思う気持ちはよくわかります。しかし、そこに入るのが当たり前のように、子どもをある意味洗脳する親も多く見られます。

ひどい例では、高校受験で子どもが行きたい志望校があったのに、母親が勝手に志願変更し、自分の母校に願書を出し直してしまったということがありました。入学はしたものの、彼は3年間やる気を逸したまま高校生活を過ごすことになりました。

どれも、気持ちはわからなくもないのですが、最も重要な**子どもの気持ちが置いてけぼりになっている**のが一番の問題ですね。

また、見えてくるのは考え方だけではありません。どんな家庭なのか、どんな環境にあるのかも見えてきます。

その他のあるあるは、家庭や環境に起因しているものが多いのです。

たとえば夫婦関係がうまくいっていないために、子どもの存在だけでつながっているとか、姑の干渉がひどく、子どもだけが自分の味方だとか、子どもの存在を精神的な支えにしているお母さん。

また経済的に苦しいのに、パートで働いたお給料を教育費や習い事にあてるというように、お金も時間も子どもにだけ注ぎ、自分のためにはほとんど使わない自己犠牲型のお母さんも多く見受けられます。

お母さん、子どもと一心同体になってしまっていない？

ここまでの傾向を鑑みるに、一つの仮説が浮かび上がります。

それは、お母さん自身が、何らかの不満や欲求、願望があったり、自己憐憫に陥っていたりして、それを子育てを通して解消したり叶えたりする傾向です。

さらにいうと、お母さん自身が今の自分やこれまでの自分に自信がない「自己肯定感が低い」状態ということも考えられます。

自己肯定感が低いから、自分の思いや夢、希望を子どもに託す。自己肯定感が低いから子どもに依存してしまう。

そんな状況にあると考えられます。

自分と子どもとがまるで一心同体であるかのように感じ、子どもの失敗は自分の失敗であり、子どもの成績は自分の成績であると勘違いしてしまうようになっていきます。

その結果、子どもが失敗しないように自分が先回りしてやってあげてしまう。子どもの判断に任せておくのは心配だし失敗させるのが怖いので、自分が決めてしまう……これが、過保護の正体なのです。

まるで、先の見えない不安のループに陥ってしまっているようです。

愛しているけれど、別人格である子どもという存在

親ならば、理想像を子どもに描いてしまいがちです。

たとえば、社会に貢献できる思いやりにあふれた人になってほしいとか、自分の好きなことや得意なことを生かした仕事をしてほしいとか。もちろんそれは悪いことではありません。

しかし、「この子を絶対にこの大学に入れたい」とか「医者になったら幸せになれる」といった考えを子どもに押し付けるのはどうでしょうか。これは、親が勝手に決めつけた思いであって、どちらかといえば対外的にどう見られるか、といった視点から描く理想像と考えられます。

いい成績を取らせたい、運動会で一位になってほしい、いい高校や大学に入れたい、一流企業に入ってほしいなどの視点をまずは手放してみてください。

そして、見るべきポイントは子ども自身。親が一番わかっているはずですから、そこを伸ばしていくことが大切です。

いろいろな人やもの、出来事や体験との出合いを通して、子どもは成長していきます。

決して一瞬だけを切り取って判断するのではなく、**長いスパンで子どもの成長を見守る必要があります。**

お母さんたちは、毎日子どもと接する中で、なかなかそれを意識する余裕がないのかもしれません。私も余裕のない中での子育てでしたから、とてもよくわかります。とにかく意識したのは、時々でいいのでちゃんと体を子どもに向けて、興味を持って話を聞いてあげること。子どもは自分の分身でもなく、所有物でもありません。別人格の存在です。だからこそ、子どもを興味深く見つめてほしいのです。

一心同体ママが陥りがちな状況とは

子どもは別人格であるということを理解できないと、前述のように過保護センサーが発動してしまうわけです。そして結果的に、

- 失敗はさせない！
- 全力で面倒を見る！
- 苦労をさせない！
- 完璧にサポートする！
- 私の考えは間違っていない！ その通りにすれば大丈夫！

と、子どもたちのやることなすことに手を出し、口を出し……という状況に陥るわけです。

一心同体ママさんは、子どもの失敗を自分の失敗のように感じるし、子どもの苦労も自分の苦労。だから自分が心地よくあるためには、子どもの失敗や苦労はあってはならないのです。

くり返しますが、**子どもは決してお母さんの分身でも所有物でもありません。**

子どもはいずれは自分のもとから巣立っていく存在。だからこそ自分の手から早く離して、失敗や苦労も含めてたくさんの経験をさせた方がいいのです。

大人になってから、子どもが失敗をしてしまったら？　その時にはもうすでに大人なのですから、お母さんが今までのように助けてあげるわけにもいきません。**自分の失敗は、当然自分で引き受けなければならない**のです。

しかし、これまで失敗した経験がないと、自分が失敗した事実にも耐えられないかもしれません。もちろん対処方法もわからないでしょうし、理想の将来像からはどんどんかけ離れていってしまいますね。

そんな状態のままで、お子さんを社会に送り出せますか？

親の役割ってなんだろう？

不安をあおるわけではありませんが、ここの理解って本当に大事なのです。実際、いつまでも子どものために何でもやってあげていたら、後々子ども自身は本当に苦労し、困ることになります。そんな可能性があることを理解し現状を直視してみると、どんなに過保護なお母さんでも、「このままではいけない」という気持ちが芽生えてくるはずです。

「親の役割は、苦労しないように子どもを守っていくこと」と思っていたお母さんに問いかけます。「いつまで大事に守るのですか？」と。

そして、さらに、

お子さんにどんな大人になってほしいと思いますか？

このまま大きくなって、その理想は実現すると思いますか？

と問いかけたいです。

ここでハッとして、「無理かもしれないですね……」と気づいてもらえたら、私の役割は一つ完了です。そこからどうすればいいのかを一緒に考えるようにしています。

では本当の親の役割ってなんだと思いますか？

私は、

社会の中で自立して生きていけるように、〝生きる力〟をつけること。

自分が自分らしくいきいきと、幸せに生きていくために〝生きる力〟をつけること。

究極的にはこれに尽きるのではないかと考えています。

もちろんそれだけではなく、子どもが自分の力で社会で活躍できる大人になり、自分の強みを発揮していきいきと生きられるように育てるなど、いろいろなことはあると思いますが、最もシンプルな答えはそこにあると思っています。この二つの考え方こそが、私が無人島での経験を通してはっきりとわかった究極の答えなのです。

子どもを手放せる？それが上手な自立への導き

昔の子どもたちは、過保護をはねのける強さがありました。

「自分は親の庇護のもとに生きていくなんてまっぴらだ！」と、反抗できる子どもたちが結構多くいたんですよね。あの反骨精神は、時に非行という極端な形で出ることもありましたが、それでも子どもの生きる力、強さはむしろ健在だったように思います。

翻って今の子どもたちはどうでしょうか？

もちろん反抗する子もいますが、反抗することに慣れていないためにきちんと反論することすらできない。言いたいことをうまく表現できず、そのうち、親の言いなりになってしまうという子の方が多いのです。反骨精神どころか、自分で考えず言われた通りにやった方が楽、なんていう子のほうが増えてきているようにさえ感じられます。

２０２３年の内閣府の調査によると、若年層（15〜34歳）の引きこもりの人数は約70万人とも言われ、深刻な社会問題となっています。私は、この近年問題視されている若年層の引きこもりは、過保護な子育てと無関係とは言えないのではないかと思っています。

私は子どもたちに、**親の敷いたレールを壊してでもやりたいことに向かって生きていってほしい**と思っています。

そして親御さんには、**自立に向けて子どもをうまく手放すこと**をぜひ考えていただきたいのです。

子どもに対しては、いつまでも自分のそばにいてほしい、進学も、就職も、結婚後の生活も、できればそばで……なんて、つい考えてしまうのも親というもの。何かあったらすぐに手助けしてあげられるし、逆に自分に何かあったら助けてもらいたい、面倒を見てほしい……確かに、わからないことではありません。でも、そうやって子どもを囲い込み、いつまでも庇護下におくことが、果たして本当に子どものためになるのでしょうか。

一般的には、親は子どもよりも先にこの世を去ります。

自立させるために育てることこそが、親の役割であると私は考えます。

子どもが自分の力で生きていく、いわゆる〝自立〟のために、親による手放しは絶対に欠かすことができない必要なプロセスなのです。


今、子どもを失敗させないことが大事ですか？

苦労させないことが大事ですか？

子どもの進路を、親の思い通りにすることが大事ですか？

本当に子どものためになることは、何なのか。

ぜひ考えてみてくださいね！

chapter 1 ポイント

- ☑ お母さん、子どもと
一体化しすぎていませんか？
どんなに愛していても、
子どもとお母さんは別人格、
成長を見守りましょう。

- ☑ 大切なのは、自分一人でも
生きていけるように、
そして自分らしく
幸せに生きるために、
「生きる力」をつけることです。

- ☑ 子どもを自立させるために、
親による手放しは
大切なプロセスです。

奥真由美塾長語録

自分の人生は
自分で決める！

chapter 2

すべては無人島にあった。

生きる力を育む真の教育

私の教育者人生の大きな転機となった無人島プロジェクト。
参加した子どもたちは、
不安や恐れなど何らかの心の葛藤を抱えていました。
その子どもたちが、
大海原の洗礼を受け無人島で活動するうちに、
みるみる細胞から甦るのを見守りました。
何もないはずの無人島には、すべてがあったのです。

ただ生きる。それがこんなにも尊い

さてこの章からは、私が無人島での教育実践の経験を通じて得た、子どもの生きる力と、それを育てるために大人ができることについて、みなさんにシェアしたいと思います。

その前に、私が無人島プロジェクトに参加するまでの経緯、そしてクルージングの様子を少しだけお話しさせてください。

ミクロネシア諸島での無人島生活プロジェクト

大学卒業後は教師となり、子どもの可能性を信じて成長を見守る手伝いをしたいと思ってきた私ですが、子どもたちが元々持っている生きる力のすごさを実感したのは、おもしろいことに教師を辞めたあとのことでした。

日本からミクロネシア諸島まで不登校の子どもたちと一緒に大型ヨットで航海し、無人島で30日間のサバイバル生活を送るという経験をしたおかげでした。

この得難い経験が、その後35年間ずっと「**どんなに弱く見える子でも、どんなにやる気がないように見える子でも、環境が整えばすばらしい力を発揮できる**」という私の信念を支えてくれています。

中学の国語教師だった若き日の私は、次第に学校教育の枠から飛び出したいと考えるようになっていきました。その時ははっきりとした自分の気持ちに気づいていませんでしたが、おそらくもっと自由に、そして〝教育の本質を探りたい〟という強い思いからだったと思います。

そんな時、「青いサンゴ礁とヨットの学校」～学校になじめない子どもたちの学校～という、大型ヨットで子どもたちとミクロネシア諸島まで航海し、サバイバル生活を通して自立を促すプロジェクトを、横浜のマリン事業の企業が計画していることを知りました。そのクルージングに同行する「現場教師」を募集していたのです。

大学でヨット部に所属していた私は、まさに運命の出会いと感じ、新たな世界へ飛び込みました。

35年前の当時、不登校の子どもたちは急増していましたが、まだ社会の理解が進んでおらず特別視される存在でした。「不登校」という言葉はなく、「登校拒否」と呼ばれていて、精神科に行くことを勧められる病気の一種だと思われていた時代です。

誤解を恐れずに言えば、「精神的な問題を抱えている」子どもたちを長期の航海に連れて行くということになると、身体的・精神的側面からもかなり慎重で専門的な診断が必要でした。

各方面の専門家から聞き取りをし研究したり、準備にはかなりの時間をかけました。特に小児精神科の先生のところには何度も足を運び、このプロジェクトに協力していただきました。

プロジェクトの説明会には、全国からたくさんの人が集まりました。学校へ行けない子どもはもちろん、親にとっても不安や苦しみはものすごいもので、何か解決策はないのかと必死で探していたところだったのだと思います。

最初のプロジェクトは、約12人の中学生の参加が決まりました。１９９０

年6月の出航までに数回のテスト航海を行い、横浜を出港したのは7月下旬でした。

大海原で、細胞が甦り、深い絆が生まれる

一緒に乗船した不登校の子どもたちは、はじめの頃は「大丈夫かな？」と心配になるほど覇気がなく、表情も暗く、死んだような眼をしていました。

ヨットのクルージングというものが初めてだったこともあり、最初の1週間は船酔いでほぼ全員寝たきり状態。食事もほとんど食べられませんでした。

ヨットの上では、操船の他に帆の上げ下ろし、安全を確保するための見張り番（ワッチ）、そして船の中では航海図の記入、食事、清掃などさまざまな役割がありましたが、子どもたちはほぼ何もできませんでした。

ところが、それからたったの1週間ほどで、海の上での生活に身体が慣れてきたのでしょう。まるで**細胞一つひとつが甦ったように、子どもたちに変化が現れました。生まれ変わったみたいに、表情も行動もすべてが生き生きし始めたのです。**

なにしろ、この大海原で生きていくためには自分の役割を果たさなければなりません。ヨットの操船技術をスタッフたちから教わり、指示されなくても進んで動くようになっていきました。

少しずつ慣れ始めた海上での生活。果てしなく続く青い海と空。強すぎる日差しに辟易することもありましたが、ある時はヨットから海深5000m以上ある大海原に飛び込んで泳いだり、夜には降ってきそうなほど満天の星空の下で、ギターを奏でたり、波の音を子守唄にして、みんなで眠りにつきました。天候が荒れて、それまで穏やかだった波が、突然牙を剥き、転覆しそうになって、命の危険を感じることも何度もありました。

私たちは、一緒に航海を乗り越えた、まさに運命共同体でした。

大人も子どもも性別も関係なく、生きるために協力し合った仲間。かけがえのない絆のようなものが生まれるのを感じました。

日本出港から約40日後、やっとのことでミクロネシア諸島の無人島に到着。現地の人の指導を受けながら家づくりをし、魚を獲り、火をおこして調理をし……という、何もないところで生きていく1カ月間がはじまったのです。

たくましく成長していく子どもたち

無人島生活でも、子どもたちはどんどんたくましくなっていきました。下を向いてろくに口もきかなかった子たちが、活発に動き、しっかりと自分の意見を言えるようになってきました。本当に驚きでした。

もちろん、みんながみんなアクティブになることが望ましいというわけではなく、おとなしく静かな子もいましたが、それは以前のような暗さを伴うおとなしさではありません。必要な時にきちんと動きちゃんと話せる、そういうおとなしさでした。

夜になるとみんなで浜辺に集まり、火を囲みながらギターをつま弾く子もいて、センチメンタルな雰囲気の中でそれぞれ自分が抱えていたこれまでの苦しい感情を吐き出し、語り合うこともありました。それも子どもたちにとっては大きな変化だったと思います。

いろいろな想いを聞きました。やはり、親に対して複雑な感情を抱いている子が多かったです。

不登校になってダメな子扱いされた。自分の将来を決めつけられてきた。そんな不満が次々とあふれてきましたが、逆に極限状態で生活する経験をしてみると、親のありがたさがわかったという声も聞くことができ、子どもたちの葛藤がダイレクトに感じられました。

彼らは生きていくためのアクションを自ら起こせるようになっただけでなく、心も短期間で大きく成長していたのです。

今でも忘れられないことがあります。プロジェクトを取材するために無人島までテレビ局の撮影クルーが来られました。そのクルーのみなさんに、自分たちの意見をしっかりと伝えられたエピソードです。

私たちのプロジェクトは社会的にも注目を集めるものだったので、ドキュメンタリーとして紹介されることになっていました。撮影クルーとしては、ドキュメンタリーとはいえやはりストーリーが欲しい。それは当然のことだとは思います。

つまり、撮影クルーが撮りたいものは、ありのままの日常とは違う、出来事だったりする……。当然子どもたちは自分たちの暮らしがストーリー仕立てにされるのを良しとはしませんでした。ある意味、演じることになるからです。その想いをみんなで話し合い、きちんと撮影クルーに伝えたのです。

私たち同行スタッフにも相談はありましたが、クルーに「話をしようと思うけれど、どう思いますか？」というもので、すでに意思の固さが感じられました。それは「報告」であって、「指示を仰ぐ」ものではありませんでした。その場にいた私たちも彼らの意見には賛成でした。

話を聞いた撮影クルーは、最終的にまっすぐに想いを語る子どもたちを尊重してくれました。彼らは早々に取材を切り上げ、ドキュメンタリーとしてではなく、ニュース番組の1コーナーのような形での紹介にとどめてくださいました。この時の子どもたちのとった勇気ある行動と、撮影にあたったクルーの方々に対して、今でも本当にありがたかったと思っています。

大海原と無人島が教えてくれたもの

帰国後も子どもたちはお互いに交流を続けていました。33年経った今でもつながっています。

多くの子が学校に戻ることを選びました。何かしら学校に行けなくなった要因はあったと思いますが、頼もしいことにそれに負けない強さを身につけたということでしょう。

もちろん、学校に戻ることだけが成長の証ではありません。でも、みんな何かしら自分の道を選べるようになっていました。海のすばらしさに魅せられ、プロのサーファーになった子もいます。

ヨットでの大航海と無人島生活の何が、彼らをそんなにも大きく変えたのでしょうか。

それは、今日を「生きるため」にたくましくならざるを得なかったから。みんなで協力し合ってヨットを動かさなければ、広い広い海の上でどこにも向かうことができなかったから。一人ひとりが自分の役割の大きさを感じ取り、とにかくやるしかなかったから。

無人島では、自分たちで食材を調達し調理しなければ食べるものもない。家にいれば、お母さんの料理がテーブルに並ぶ。それが当たり前ではないことを知ることになりました。

一人ひとりが、自分が動いて役割を果たさなければ生きていけないのです。誰も代わりにやってくれないし、ものごとを進めていくためには自分の意見もきちんと言わなければならない。何もせず、何も考えず、うつむいて死んだ眼のままでいたら生きていけない、そんな環境なのです。

私たち大人のスタッフは、クルージングの技術など必要なことは教えました。でも、他にはほとんど大人を頼ることなく、子どもたち自ら学んでいきました。ヨットが転覆し遭難するのではと思えるほどの嵐にも耐えました。理科の授業ではまったく興味のなかった星のことも、空を見上げて星座を覚えたり、航海図や天気図の見方や書き方も覚えていきました。

無人島で、食事の後食器を洗うために洗剤を使った時のこと、美しい青い海に真っ白な泡が無数に流れていくのを見て、みんなショックを受けました。その日から彼らは、汚れた食器は砂でこすってから水洗いし、洗剤を使うのをやめました。

何でもやってくれる親、快適な眠れる場所、かっこいい服、おいしくて便利な食べ物。すべてが揃っている、何不自由ない生活を送ってきた子どもたちは、いつしか生きる力をなくし無気力になっていきました。

そんな彼らを甦らせたのは、食べ物も、冷蔵庫も、風呂も、エアコンも、ベットも、それどころか住むところさえない、無人島でした。**何もないはずの無人島には、実は、「すべて」があったのです。**

彼らは、手つかずの自然の中で、ただひたすら「生物として生きる」ことを経験しました。自分を愛し庇護してくれる親の下から離れ、何もない場所に放り出されたことで、自力で生きることを学び、「細胞」から、「魂」から甦ることができた。そんなふうに感じています。

生きる力の源は？

無人島で生活するプロジェクトに参加し、甦ったのは子どもたちだけではありません。本物の教育とは何かを求めてあがいてきた私自身もまた、無人島でただ必死に生きながら、本当に大切なことを掴むことができたのです。

「そもそも**どんな子にも〝生きる力〟が備わっている！**」ということを実感できたことが何より大きかった。

子どもたちは、何もない環境に放り込まれれば、驚くほど能動的に動き、思いもよらない能力を発揮する。一人残らずそうでした。例外はいません。一人ひとり自分の頭で考え、工夫し、創り出せるのです。

この現代社会の中で、子どもたちに本来備わっている〝生きる力〟を発揮する場がいかに少ないのかということなのです。

私たち大人は、子どものためと思い、与えすぎ、やってあげすぎています。それが、子どもの生きる力を削ぐ大きな原因になっているのです。

普段の生活は、大人がつくった枠組みの中で営まれており、それが子どもの可能性を奪っているのです。ルールもなくまわりの目も気にしなくていい環境に置かれれば、子どもたちはその柔らかい感性でさまざまなことを考えつき、意外な行動で主体的に道を切り拓くことができると思います。

私たち大人は「ルールがない環境に子どもたちを置いたら、いったいどうなってしまうのか？」と不安に思いますよね。何か間違いがあってはいけないと、常に心配が尽きないということでしょう。

ところが、**子どもたちはちゃんとわきまえることもできる**のです。

「生きる力」、それはエネルギーであり、バイタリティーのようなものですが、それを発揮するのと同時にしっかりと「どこまでなら大丈夫か」「これはやらない方がいい」と限度を判断することもできる。だから、無法地帯のようになることもありません。

子どもを信頼してもいい！　任せても大丈夫！　それを知ることができたのも、このプロジェクトの経験のおかげに他なりません。

できれば親以外の大人と触れ合う

●子どもは想像以上にたくましいものである。
●信じて任せておけば大丈夫。

無人島プロジェクトの経験から、この思いを強くした私でしたが、いざ自分が親として子育てをする立場になった時に、わが子にその考えを重ねることは思いの他難しかったです。

自分の子にどんどん挑戦させ、手を出さずに見守ることのできるお母さんは本当に少ないです。

挑戦はさせたい。自由にさせたい。任せたい。でも、どうしても心配が先に立ってしまいますよね。失敗をさせる大切さはよくわかっていますが、特に危険を伴うようなことであれば、けがなども心配です。

自立させるためにいろいろな経験をさせる大切さを説きながらも、つい子どもを庇護下に置きたくなるお母さんの気持ち、とてもよくわかります。

私が無人島のプロジェクトで子どもたちの成長を見守ることができたのは、親ではなく一歩引いた立場からだったからかもしれません。

そして、大切なわが子を無人島プロジェクトに託した親御さんたちも、登校拒否という、世間からも問題視されていた状態からも追い詰められた状況だった。だからこそ思い切って参加を決意したのでしょう。普通ならなかなか決心できません。

そんな彼らは、**親が見ていないところでこそ成長しました。**

親ではない大人と接することで、家庭の外の世界を知る。そういう事実を、帰ってきた子どもの変化を目の当たりにして、確信されたはずです。

私は塾長として、親目線よりはかなり客観的に子どもを見ることができます。「思い切ってやってごらん」と挑戦を後押しすることができるのです。

子どもたちの悩みを感じ取れたり、成長を実感できたりするのも、少し距離のある第三者であるからこそ。それは事実だと思います。

子育ては親の使命ではありますが、自分たちだけで抱え込むべきことではありません。できれば、**親以外の大人と子どもが触れ合う機会**があると、親にとっては別の視点を知ることができます。また、子どもにとっても相談できたり新しい世界を見るきっかけになったり、メリットは大きいです。

私はこれを、「斜めのつながり」と呼んでいます。

実際に斜めの関係性を築くため、私は塾以外でも、主に高校生とキャリア教育的なさまざまなプロジェクトを企画し、一緒に活動をしています。家庭や学校の中だけでは身につかない、それこそ〝生きる力〟を育てたいからです。

無人島プロジェクトのような経験はスペシャルなプロジェクトであり、誰もが同じような経験ができるわけではありませんが、部活や習い事、ボランティアや地域活動など、第三者との出会いは、親とは違う角度から子どもを見て育ててくれる貴重なものです。子どもの新たな側面を発見できる大事な機会なのです。

chapter 2 ポイント

- ☑ どんなにやる気がなく
行動できない子どもでも、
環境によって本来持っている
素晴らしい力を発揮する！

- ☑ どんな子どもにも、
生きる力は備わっています。
不自由で困った環境に
放り込まれてはじめて、
その力の扉が開く！

- ☑ 親以外の存在（斜めの関係）と
触れ合う機会があるのがよい。
視点が広がり、新しい世界を
知るきっかけになる！

奥真由美塾長語録

人生二度なし！
一度きり

今しかない
この一瞬一瞬を
パワフルに生きよう！

人生は最高に
おもしろい
冒険なのだから

column

違う世界が見たい！無人島の時間は宝物

無人島プロジェクトに参加した生徒の一人れいかとは、地元が近いこともあって無人島から戻ってもずっと交流が続いています。

あれから33年という時が経ち、当時中学生だった彼女も大人の女性へと成長し、やがて母となり……その間、ずっとそばで見守ってきました。

そして今、私の仕事を手伝ってくれる大切なスタッフの一人として、手腕を奮ってくれています。

折に触れては無人島での話になり、話し出すといつまでも話が尽きません。

たまたまラジオで流れてきた「海とヨットと無人島プロジェクト」の募集を聞いて興味を持ち、両親に頼み込んだのがきっかけ。思春期の真っ只中だった彼女は、大人や社会の狭間にあって、いろいろなことに疑問を感じていたそうです。そんな思いを持った仲間が全国から集まることを期待して、参加をしたんだとか。

長い海上生活では、慣れないヨットの操縦に悪戦苦闘し、船酔いで起

き上がれないこともありました。何日もお風呂に入れないから、スコールが降るとみんなで雨で髪の毛を洗って……そんな一つひとつが新鮮で楽しかった。そして、何にも代えがたい無人島での生活。一面の青い珊瑚礁や満天の星空……どれもが一生忘れられない思い出だ、と話してくれます。

れいかだけでなく、無人島に参加した生徒とは今でも連絡を取り合っています。私たちは、一緒に命懸けの冒険をした同志。

その絆は何年経っても変わることはありません。

chapter 3

子どもたちの生きる力が危ない！

「生きる力」と一言でいっても、多岐にわたります。
それは「非認知能力」として、
昨今その重要性が叫ばれています。
この非認知能力を鍛える最高の学び場は、「遊び」。
遊びを通して子どもたちは何を学ぶのか、
そして、大人は何ができるのか。見ていきましょう！

現代っ子たちに何が起きている？

私の教育者人生のみならず、人生そのものにさえも大きな影響を及ぼした無人島プロジェクトを引退して、文明社会に戻った私ですが、どうも子どもたちの様子がこれまでとは違うことに気がつきました。そう、これが前述した違和感です。親子の関係性に違和感を抱いたことから始まり、子どもたち自身への違和感も徐々に持ち始めて今に至ります。

子どもたちに感じた違和感の正体を探しつつ、今の子どもに必要なことは何なのか見ていくことにしましょう。

表面しか理解できない子どもたち

怒涛の無人島プロジェクトを経て、教育の原点に還るべく、地元秋田で型破りで風変わりな塾を始めた私ですが、早いもので25年が経ちます。

最近の子どもたちを興味深く観察していると、スポーツにしても学習にしても〝感覚の鈍い〟子どもが多いように感じます。つまり〝感じる力〟の乏しい子という表現が正しいでしょうか。

たとえば、①算数の図形の角度の問題で、直角が90度であることから、それより開いているかどうかで90度以上か以下か推察できますよね。「いくらなんでもそんな角度にならないことは、図を見ればわかるはず……」とか、②ロボットの授業で、大きさも形も含めて「明らかにそこにはその形のパーツが入るわけがないというところにはめようとする……」とか、③バスケットボールでパスし合う場面で、ボールをキャッチする時、普通は左右の手を挟むように胸のあたりでキャッチしますよね。それがボールが目の前に飛んできて、慌てて手を上と下から挟むようにして摑もうとする。それがうまくキャッチできずに自分の顔にぶつけてしまった場面を見た時には本当に驚きました。本来なら遊びの中で自然に身につくはずの動きがまったく取れないのです。

子どもたちに、一体何が起きているのでしょうか。

日常生活の中で、当たり前に想像したり感じたりしながら身につく力が、体を使って遊ぶ場面が少ないからなのか、その感覚が育っていない子どもが多いと感じます。「ただ公式に当てはめればいい」「パーツをどこかにはめこめばいいだけでしょ!!」と、ただ結果だけ、答えだけ、とりあえず終わればいいといった、何も考えていない状況が作り出しているものでしょう。

その手順や過程にどんな意味があるのか、ということまでは考えていないのです。どこかで間違えて答えが違っていても、なぜ？　どこが？　どうして？といった興味を持たず、答えだけを知りたがる姿もその一例です。〇か×かにしか興味がないのはなぜなのでしょう。

受験の面接練習も同様です。質問に対してかなり的外れな答えが返ってきます。こちらが何を聞きたいのか、という相手の意図を感じ取ることができていないからです。


結局は、ものごとを俯瞰して「つまりこれは、どういうことなのか」「この場合どうするべきなのかな？」と想像する力と行動力が育っていないのです。

この状態をよく表しているのが、ＳＮＳで炎上するケース。

先日も大きなニュースになりましたが、飲食店で未使用の食器を使用して、使用したままの食器を同じ場所に戻したり、レジを通す前の商品を勝手に食べて、その様子をおもしろおかしく動画にアップする。目立って注目を浴びるなら何をしてもいい。一体何を考えているのか？　いや何も考えてはいないでしょう。非常に残念な行動です。

じっくり考えること自体が面倒くさい。最初から考えることを放棄しているとも言えます。

頭を使って考えなくても生活は回るし、まったく困らない。

本来は「考える」の先に「考え抜く」という行為があると思っているのですが、「考える」にさえ至らない現状が非常に心配です。

先を見越す力がないということはすなわち、危険を察知する能力がないことにもつながります。想像力や察知する力が弱いと、情報を精査し選択する力も育たないため、結果的に不幸な方向に流されてしまう危険性も大いにあります。

先を見越す力はまさに「生きる力」の中の大事な一つなのです。

元来、子どもにその力は備わっていると思います。それは、あの何もない無人島の暮らしの中で、みるみるうちに生命力を取り戻す子どもたちを目の当たりにして確信したことです。私たち大人はそれをうまく引き出し、大きく育ててやりさえすればいいわけです。

でもそれができていないのが今の日本です。

すべてやってあげるから育たないのです。いや、〝育てない〟のです。

早急になんとかしなければならない課題ではないでしょうか。

「生きる力」って何だろう？

では、「生きる力」とは具体的にどんな力を指しているのでしょうか？

それは文字通り「生きるために必要な力」ですが、生きるために必要とされている力はいくつもあります。ここでは、その力を具体的に掘り下げてみたいと思います。

みなさんは、「非認知能力」という言葉をご存じですか？

子育てや教育の分野で注目されているテーマですので、知っているとか耳にしたことがあるという人も多いと思います。私は**この「非認知能力」こそが生きる力**だと考えています。

「非認知能力」なんていうとちょっと難しいな、と感じられるかもしれませんが安心してください。

簡単に説明するなら、非認知能力とは**テストや点数などで数値化して測ることが難しい、個人の特性による能力**のこと。

たとえば以下のものが挙げられます。

- 意欲（やるぞ！　という気持ち・実行力）
- やり抜く力（粘り強さや忍耐力）
- 自制心（イライラしたりしない、ストレスに対応する力）
- 客観性
- レジリエンス力（問題解決能力、柔軟性）
- コミュニケーション能力
- 創造力
- 共感性

など、さまざまあります。どれも、能動的に生きていくために必要と思われる力です。

しかも「社会情動的スキル」とも呼ばれていて、感情のコントロール、他者との協働、目標の達成に関わる能力であり、特に社会の中で発揮される能力でもあります。

結局、人間は社会の中で生きていくわけですから、生きる力は社会の中で発揮できなくてはなりませんよね。

無人島で子どもたちの生きる力を実感した時に、ほんの20人ほどではありましたが、そこにも立派な社会がありました。無人島だからといって、ただ野生動物のような生活をしたわけではありません。

「生きる力」とは、つまりは「社会で生き抜く力」であり、それは「社会的情動スキルである非認知能力」なのです。

今、この非認知能力を育てることが非常に大切だということが強く叫ばれています。それだけ、日本の子どもたちの非認知能力というものに不安があるからでしょう。「暗記していい点数を取れればいい」「〇×の正解を出せればいい」「点数が良ければそれでいい」といった解釈でしか、ものごとを捉えられない子どもたちに対して、このままではマズイと心から思います。

なぜこんなことになってしまっているのか。

私たち大人が、早急に子どもたちの非認知能力を育てるべく立ち上がらなければなりません。

親が持つべき視点とは？

（遊びこそ、最強の学び場だ！）

どうすれば子どもの生きる力、すなわち非認知能力を鍛えられるのでしょうか。

非認知能力を鍛える最高の学び場は、〝遊び〟からと言われています。

ごっこ遊びで創造力やコミュニケーション能力、ルールを守る規範意識などが身につきますし、外遊びで自然との関わりを学ぶとか、工作で工夫する力が付くとか、遊びのメリットは限りなくあります。

昔の子どもたちには、外で暗くなるまで思いっきり遊ぶ環境がありました。公園だけでなく、ちょっとした広場だったり（ドラえもんでのび太たちが野球をしている空き地のような場所ですね！）、山や川などの自然の中だったりと、子どもたちはそこここで無限に遊びを広げ、発展させることができました。

そして基本的に、子どもたちの遊びの中に親は介入しませんでした。子どもたちには子どもたちのルールがあり、何か問題が起きたりトラブルがあっても、子どもなりに頭を悩ませ、話し合い、解決したからです。

そんな環境に身を置いていた子どもたちの非認知能力は、自然と鍛え上げることができたわけですね。

翻って、今の子どもたちはどうでしょうか。

昔と違って、圧倒的に遊ぶ空間が減ってしまいました。危険も多いため、親が遊ぶ場所について回らないといけないことも多くなりました。

早期教育をよしとする社会風潮から、いくつもの塾や習い事を抱えて遊ぶ時間が取れない子どもが増え、さらにゲームや携帯電話などの出現で子どもたちの遊びの形も変わってしまいました。

これだけを並べてみても、今を生きる子どもたちの非認知能力が乏しくなってしまうのも無理からぬことです。

それでも**子どもたちは、その伸びやかな感性とたくましい想像力とで、どんな空間でも無限の遊び場に変えてしまう力を持っている**のです。

ですから、私たち大人はどんな環境にあっても、**できる限り子どもが自由に遊ぶことができる場所を整えてあげる**必要があります。

さらに成長してくると、「遊び」という表現よりもむしろ「経験」が重要になってきます。小さい頃は遊びで身につけていた能力を、さまざまな経験を通してより獲得していく。だから、親には子どもに多くの経験をさせる機会を提供してほしいと願います。

非認知能力は幼児期に育てるのが効果的だと言いますが、**幼児期を過ぎたとしてももちろん大丈夫です！　人は一生を通して成長し続けるから！**

早速、今日から子どもたちが遊びに集中できる環境を整えていきましょう！

非認知能力を鍛える4つのステップ

さて、ここまで書いてきたことを総合的に考え、幼児から高校生ぐらいまでの期間に非認知能力を鍛えていくために必要な4つのステップをご紹介します。どれも特別なことではなく、生活の中で、遊びながら鍛えていけるステップですので、普段から取り組んでもらえるといいと思います。

STEP 1 リスク管理能力を身につけさせる

STEP 2 応用力を身につけさせる

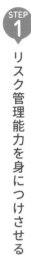

STEP 3 挑戦できる環境の用意と選択肢の提示

STEP 4 ワクワクを育てる

ここからは、その一つひとつについて説明していきましょう。

STEP 1 リスク管理能力を身につけさせる

生物は常に、危険にさらされながら生きています。私たち人間という高等生物も例外ではありません。

野生動物にとってのリスクである、天敵や自然の脅威。人間は積み重ねてきた知恵と技術でそのリスクを減らすことはできていますが、完全に排除することなどはできません。今も自然災害はもちろんのこと、海や山での事故は多いです。

しかも、人間ならではのリスクもあります。たとえば犯罪に巻き込まれるとか、人間関係でつまずくということは、他の生物であればあり得ないことです。

こうした**リスクに囲まれていることを理解し、できるだけリスクを避ける生き方をする。**その方が安心して自分らしく生きることができますね。

STEP 2 応用力を身につけさせる

人生って、ずっと予定調和で終わるものではないですよね。意外なこともあれば、困難に見舞われることもある。いつどんなことに遭遇するかは、誰にもわからないものです。

ですから、何があってもそれに対応できるようにしておくことがとても大切。ものごとがどのように展開していくのか、そのパターンはいくつも予想されるし、実際には予想を裏切る形でものごとが進むのかもしれません。

先のことは誰にもわからないけれど、**どんなことがあっても対処できる応用力さえあればいい**わけですよね。

STEP 3 挑戦できる環境の用意と選択肢の提示

STEP1と2で生きるための基礎力を身につけられたら、次はより充実した人生を目指します。

充実した人生は、人から言われた通りに生きるような、他者に左右される生き方をしていたら手に入りません。自主性を軸に、いきいきとポジティブに生きていくことで実現します。

その**「自主性」や「ポジティブ」は、何かに挑戦することや、たくさんの選択肢の中から自分で選び取ることで育っていきます。**だから、「どうせ挑戦しても無駄」よりも、「やってみよう！」と思える環境や、自分の選択を「これしかない」と思い込むよりも、「ちょっと視野を広げてみれば、たくさんの選択肢がある」と知ることが大切です。

STEP 4 ワクワクを育てる

自主的な挑戦と選択をくり返していくと、だんだんと子ども自身が何にワクワクするのかということがわかってきます。そうしたら、そのワクワクを尊重してあげてください。

ワクワクすると、理屈でも何でもなく自動的にモチベーションが上がります。

人からやらされるものではなく、まさに内発的動機づけとつながっているからです。

非認知能力は、実践がなければ育ちません。ですから、この4つのステップは、言い聞かせるだけでなく、実践の中で子どもの心と体に刷り込んでいく必要があるのです。

次の章では、具体的にどのように実践していけばいいのかを考えてみましょう!

chapter 3 ポイント

- 「生きる力」とは、
テストなどで数値化できない、
意欲ややり抜く力、
コミュニケーション能力などの
「非認知能力」。

- 遊びこそが、最強の学び場！
大人はできる限り子どもが
自由に遊べる空間を
整えてあげるべし！

- リスク管理能力、応用力、
挑戦できる環境、
ワクワクを育てる……
これこそが、
非認知能力を鍛える！

奥真由美塾長語録

この手で"摑む"という
感覚こそが
めちゃくちゃ大事！

UFOキャッチャー
のように

摑まなかったら
何もゲットできない

人生って
自分で摑むものだよ！

高校生カフェ
夢に向かって大きな一歩

私が教育事業を行っている場所は、大きな一軒家です。この「家」というものを生かしてカフェやレンタルスペースなども運営しています。地域の中でつながる場、集いの場、遊びと学びの場といったさまざまな世代が交じり合うコミュニティスペースを作りたかったからです。

地下では学習塾と通信制高校、2階にはeスポーツ専用の部屋もあります。1階はレンタルスペースとしてキッチンもお貸しし、ママ友とお料理を作りながら暖炉のあるオシャレなお部屋でおしゃべりなどを楽しんでいただけます。

ある日、塾の生徒から相談を受けました。「先生、地域の人たちを元気にするカフェをやりたいのです」と。スイーツの腕がプロ並みの友だちに声をかけて二人でやりたいと。キャリア教育コーディネーターとしては、最高に嬉しい申し出です。地域とつながりながらビジネスを学ぶ最高の機会になると思い、二つ返事で協力を約束し、その日から「高校生カフェSucRe（シュクル）プロジェクト」がスタートしました。

どちらかと言えば引っ込み思案だった彼女たちですが、メニュー作り、チラシ作り、接客をこなし、丁寧にお菓子やスイーツを作っていく姿を、今でも鮮明に覚えています。この経験を通してどんどん成長していく姿は、本当に頼もしかったです。彼女たちの卒業とともに閉店しましたが、それぞれの夢に向かって今もなお立ち止まることなく歩き続けています。このプロジェクトは形を変えて、地元の後輩たちに受け継がれています。

chapter 4

今日から実践！
生きる力の鍛え方

元来、子どもたちには生きる力が備わっています。
それを見守り、大きく育てるのが親の役割なのです。
その役割に欠かせないのが、
ちょっとだけ〝イジワルな親〟になることって、本当!?
子どもたちの生きる力を育てるために、
大人ができることは何なのか？　考えてみましょう。

生きる力が育つのは、親の関わり次第！

さて、ここまで子どもの生きる力＝非認知能力を育てるために必要なのは、〝遊び〟という環境が重要であること、そして非認知能力を鍛えるために必要な4つのステップについてお話ししてきました。

ここからは、具体的な実践方法をご紹介します。

実践1

リスク管理能力を身につけさせる

生きていくうえでのリスクを考えた時に、大きく2つのリスクがありますよね。それは「自然の脅威（天災）」と「人間社会ならではの（人災）悪意や事故」です。

この2つのリスクは性質が違うものなので、管理能力の育て方も別々に考える必要があります。

自然の脅威に対するリスク管理

まずは、リスクとなる自然とできるだけ触れ合うことです。

自然はリスクともなりますが、生命を生み出し育む源でもあります。私たちは自然を否定して生きていくことはできませんし、多大な自然の恵みを受ける喜びを知っています。

ですから、まずは自然と触れ合うことがとても大切なのです。触れ合い、親しみながら、その脅威についても学んでいきましょう。

私は無人島プロジェクトに参加した時に実感しましたが、**自然はまさに「教えない学校」**です。直接に何かを教えてくれることはありませんが、自然の美しさも、恵みも、怖さも、残酷さも、すべてを見せてくれます。人間は、それを目にして経験することでさまざまな学びを得ていきます。

ですから、自然のリスクについても自然と触れ合ってみなければ学べません。

- 天候の急激な変化（台風、ふぶき、大雨、猛暑）
- 雨による川の増水
- 津波
- 雪崩の恐ろしさ
- 危険な動植物

● 植物などの食べられるもの、食べられないもの
● ウイルスなどの伝染病

ここに挙げた例はほんの一部で、大いなる自然にはたくさんのリスクがあり、それは文字で読んだりニュースで聞いたりするだけでは、なかなか実感できません。

もちろん、実際に雪崩に遭うという経験が必要というわけではありません。たとえばスキー場に行った際に、その場面の中で、「もし今雪崩が起きたら……」ということを想像することが大切なのです。

親自身が自然に触れてきた経験があると、お子さんにいろいろなアドバイスができるかと思いますが、そうでなくても、さまざまな場面で想像をさせてみたり、実際にやらせてみることが大切。お子さんと一緒に自然の中にどんどん飛び込んでみてください！

自然というものはダイナミックなスケールで驚きと感動をくれます。それと同時に、恐ろしさも教えてくれるのです。

自然の中に飛び込むのは、小さなところから始められたらいいですね。たとえば日々のお散歩。コンクリートで舗装された道にも花が咲いています。目を凝らしてみてみれば、そこここに自然があり生き物の息吹がします。そんな意味では、小さな子どものほうがそんな世界をめざとく発見する視点を持っていると思います。

お子さんと一緒にその視点を共有しいろいろなことを語り合いながら、一緒に考えたり想像したりする機会は、察知能力やリスク管理能力を育てるための実践にとても役立ちます。

人間社会ならではの悪意や事故に対するリスク管理

子どもがもし犯罪や事故に巻き込まれたら、親としては「なぜ守ってやれなかったのか」という激しい後悔や自責の念に苛まれるのではないでしょうか。

ほとんどの場合親が防いであげることは難しいことだと思います。だからこそ親は、子どもに普段からリスク管理能力をつけさせたいと思うはずです。

ではどうやって？

それはやはり、普段からいろいろなことを経験させておくことに尽きます。

たとえば、以下のことは割と簡単なので実践しやすいかもしれません。

- 買い物をさせる
- 料理をさせる
- 申し込みや手続きをさせる
- 送迎をやめる

●物事の選択や判断をさせる
●手助けをしない（必要以上に）
●不自由、不快な機会を多く作る

身近なところの実践として、買い物はとてもいい経験になります。何でも親が買って揃えてあげるのではなく、自分で買い物をさせるのです。

さらにボランティアやイベントなど申し込みが必要なことの手続きなども、内容を読ませたりしながら少しずつ、自分でやらせてみましょう。

車での送り迎えも減らして、できるだけ自分の足や自転車や公共機関を使って行き来させることも大切です。

子ども自身にやらせることで、ちょっとした社会とのつながりのチャンスを逃さないようにしましょう。

一見関係のないことのように思えても、いろいろなことを自分でやることで子どもは社会を知り、そこに潜む危険にも気づいたりできるようになっていきます。

もちろん、初めからうまくはいきません。

買い物なら、頼んだものと違うものや、値段が高いもの、賞味期限も見ずに買うこともあるでしょう。頼んだもの以外のものを買ってきてしまうこともあるかもしれません。それでも叱らずにありがとうと言ってあげてください。

手続きや申し込みも、うまくできずに何倍も手間がかかるかもしれません。電車や公共機関の乗り方を間違えて、自宅とはまるで逆の方に行ってしまうかもしれません。もしかすると一瞬ドキッとするようなことも、起きてしまうかもしれません。

でも、**その一度の失敗を叱ることなく、どうか辛抱強く見守ってあげてほしいのです。**

初めての挑戦で失敗した時、次も挑戦できるかどうかは親の接し方一つにかかっています。とても大切です。二度手間になったり、面倒なことになってしまって、つい叱りたくなる気持ちはよーく理解できますが、ここは長い目で子どもの挑戦を支えてあげてほしいのです。

挑戦させる際にはよく子どもと対話をし、何が危険なのかをしっかりと伝えておくことが大切です。さじ加減は親の腕の見せどころですね。

ちょっと〝イジワルな親になる!!〟これがポイントです。あなたはなれますか?

実践2 応用力を身につけさせる

ミクロネシア諸島の無人島での生活は驚きと困難の連続でした。

たとえば水洗トイレにウォシュレットが当たり前のような生活から、トイレもないような環境に行くわけです。たとえば、現地に持っていったトイレットペーパーがなくなった時、葉っぱでお尻を拭くような工夫が必要になったこともありました。

無人島生活はレアケースだとしても、誰もが必ず予想外のことに遭遇したり、必要なものが必要な時になかったりして、イレギュラーな対応を迫られることがあります。その時にどうするのか？　どんな対応ができるのか？

何が起きても、自分で何とかできるという自信があれば、堂々と力強く生きていくことができます。私も無人島生活で、嵐にも台風にも大雨にも遭いましたので、何が起こっても大丈夫という自信をつけることができました（笑）。

応用力を育てるには、少し苦労させることが必要です。

予想外のことに出遭うというのは、つまりはスムーズに事が運ばないとか、どうすればいいかわからないというケースになりますから、乗り越えるためのエネルギーや方法が必要になります。日常生活の中では、特段頭を使わなくてもものごとが進んでいきます。そんな中では乗り越えるためのエネルギーは決して湧いてきません。

では、どうやって苦労させるのか。

リスク管理能力を育てるには、自然に触れさせたり非日常的なさまざまな経験を積ませたりすることが必要ですが、日常生活の中でもできる苦労の経験に、「お手伝い」があります。

お手伝いで育む応用力

お手伝いこそ生きる力をつける何よりの機会になります。子どもと言えど、**家族の一員として、日常生活を営むために必要な役割を分担させる**ことはとても大切です。

もちろん遊びではないので、楽しいことばかりとは限りませんし、慣れてくれば面倒になってしまうことも多いはずです。だからこそ「ちょっとした苦労」になるのです。さまざまな場面で予想外のことが起きても、役割として**任されているからには乗り越えなければならない「役割」としての意識を持たせる**ことになります。

たとえば料理。レシピ通りの材料がなかったとしたら、他のものを代用すればいいとか、鍋が焦げ付いたらどうやってそれを落とせるのかとか、時間がない中で工夫して作らなければならない方法とか、いろいろなことを考える必要があります。

洗濯なら、風が強い日にはどう干し方を工夫すればいいのかとか、衣服によって一緒に洗ってはいけないものがある場合はどうするかとか。

お手伝いの内容は年齢に応じて変化していくとは思いますが、その年齢なりにできることは必ずあります。

たとえ2歳でも、「あそこに置いてある新聞を持ってきて」と頼めば喜んで持ってきてくれますし、ほぼ大人とも言える高校生ぐらいになったら、「今日はお母さんは出かけるから、家事を全部任せた！」と全面的に頼ってもいいと思います！

お手伝いは、応用力が育まれるだけでなく、自分が責任を持つことで自立も促されていきます。なにしろ「何でも代わりにやってしまう」お母さんたちが多いと実感しているので、おそらくお手伝いもあまりさせてはいないのではないでしょうか。

子どもに手伝わせると、かえって手間がかかって逆に面倒くさい。忙しいので手伝わせる時間がない。手伝わせても、きっとできないだろう。そんなふうに考えていませんか？

確かに自分でやってしまった方がラクなのです。

でも、子どもは勉強や部活、習い事だけやって、生活に関わらせないままで本当にいいのでしょうか？　いつまで「お母さん家政婦さん」を続けていきますか？　突然、「今日から大人になったんだから自分でやりなさい」と言っても、できるはずがありません。

自分では何もできず、イレギュラーな出来事にも対応することもできない子どもは、子ども自身が大人になってからとても苦労することになります。

そんなことにならないよう、今から意識的にお手伝いをさせるようにしてみてください。

そしてお母さんたちに覚えておいてほしいのは、**子どもにお手伝いさせるのは手がかかって面倒くさい！　と思うのはほんの少しの間**ということです。

子どもたちが自分で料理や家事ができるようになったら、お母さんにとっては最強の得難い戦力となるのです。お手伝いで応用力を育てることは、**非認知能力を鍛えるだけでなく、お母さんの戦力を育てることにもつながる一石二鳥の〝作戦〟であること**も、お忘れなく！

ADVICE 1

ちょっとした苦労をさせる時に必要なモチベーション管理

子どもを自立させたいのなら、苦労させましょう！　それが、35年にわたって、たくさんの親子を見てきた私が、絶対的な自信をもって言える持論です。

とはいえ、実際に何でもやってあげる優しいママをやめ、〝イジワルママ〟になるのはなかなか難しいですよね。

でもだからこそ、お母さんが大事な肝になるのです。うまく子どものメンタルをハンドリングして、モチベーションを落とさずに苦労を乗り切れるように工夫してみましょう。

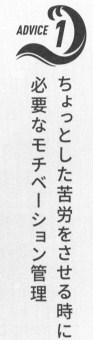

具体的には、やはり励ましや応援の声かけが効果的です。

「〇〇ならできるよ!」

「嬉しいな!」

「助かったわー!」

「大変なことなのに、ずいぶん頑張っているね」

「あともう少しだから、きっとうまくいくね」

こんなふうにポジティブな声かけをすると、嬉しくなって頑張れるものです。

これがもし、

×「やらなきゃダメでしょ!」

×「これぐらい、できて当然」

×「まだやってないの?」

×「遅いのね」

×「何回言ってもできないの？」

このように言われたら、一気にモチベーションは下がってしまいます。

それから、苦労の中にも小さなワクワクを用意しておく。たとえば険しい自然探索の後に、楽しいバーベキューが待っていたら頑張れますよね。夏休みの間、毎日お手伝いをしてくれたお礼に、子どもの好きな映画を観に行くなどすると、親子で楽しめますよね。

むやみやたらにエサをぶら下げるのはどうかと思いますが、子どもが向き合って頑張れる経験ができるなら、小さな楽しみを用意するのは間違いではないと思います。

また、親が率先して子どもにやってみせるとか、子どもと一緒に苦労を分かち合うことも、子どものモチベーションを上げていくのに効果的です。

何でも自分でやらせてみることは大事ですが、「お父さんやお母さんはやらないくせに、指示だけ出す」「苦労するこちらの身にもなってほしい」と子どもに思わせてしまったら、一気に「やらされている」気分になって、やる気をなくします。

そんなことのないように、「お母さんも頑張っているから、自分も頑張ろう」「お父さんが一緒にやってくれるなら、きっとできる」と前向きな気持ちになれるように、親御さん自らがお手本になってみてください。

実践 3

挑戦できる環境の用意と選択肢の提示

主体性のある子どもに育てたいと言っても、最初から主体性のある子は多くはありません。つまり、親のもっていき方によって身につけていくことができるのです。挑戦できる環境や選択肢を、ぜひ用意してあげてほしいと思います。

挑戦できる環境の用意

大人から見ればどんなに小さなことでも、どんなに意味がないと思われることでも、子どもが「やってみたい」と思った時点でそれは「挑戦」になります。だから、**子どもの「やってみたいサイン」を見逃さない**ようにしたいですよね。倫理に反するとか、法に触れる、あるいは危険が伴う以外は、背中を押して何でもやらせてみるといいですね。

それが、「挑戦」できる環境づくりになります。

今の子どもたちに「好きなことや得意なことは何？」と聞いてみると、自分でもよくわからないという子が驚くほど多いです。つまり、自分が何をやりたいかもわからない、特にやりたいことがない状態というのは、そもそもそれまで考えたことがないということだと思います。

また、学校などでは目立ちたくないから本音を話したくなかったり、考えたくないといった環境要因もあるように思います。そういった状況の中では当然、挑戦のチャンスも少なくなりますね。

だからこそ、親の導きも重要になってきます。親は子どもの「やりたいサイン」をキャッチできるだけではなく、子どもが挑戦できそうなものを探してあげることもできるからです。

実は無人島プロジェクトに参加した生徒は、子ども自身が見つけたのではなく、親御さんが見つけて「行ってみない？　海とヨットの学校。ヨットで冒険に行くんだって！」と勧めてくださったケースが多かったのです。

さすがに3カ月の無人島プロジェクトはかなり大きな挑戦だった思いますが、もちろんそんなに大きな挑戦でなくても構いません。

お稽古ごとをやっていたら、コンクールに挑戦するとか、発表会に出るようなことでもいいと思います。自治体が主催するイベントも探してみればいろいろあります。もちろんボランティアなどもいいですね。もっと身近なことなら、学校の授業中に手を挙げて発言するということでもいいのです。

立派なことだけじゃなくても、ゲームやアニメやアイドルなど、親には理解できないジャンルであっても、子どもが興味を示しそうなことはピックアップしてみるのもおすすめです。親にはわからないからこそ、意外なわが子の才能を発見できるかもしれません。そして、案外親も子どもの世界を楽しめたりできるきっかけになるかもしれません。

選択肢の提示

挑戦できる環境と同時に、「選択肢はいろいろあるんだよ」ということを伝えたいですね。子どもは大人に比べれば、視野を広く持てないため、なかなか気づけない。狭い世界の中で見つけられずに苦しむこともあるでしょう。

親に勧められた挑戦に対して「やる、やらない」の判断と選択は大事です。もし、親に勧められたらイヤでもやらなくてはならないと思っていたら、それは辛いだけ。やらない選択肢もあることを、しっかりと伝えたいものです。

また、挑戦するしないに限らず日常の行動の中で、常にはっきりとした選択肢を持っていることはとても大切です。

たとえば学校でいじめにあった際には、無理に学校に行かなくてもいいと思います。学校を休んでもいいし、転校したっていい。気の合う仲間を、学校以外のコミュニティで見つければいい。今はＳＮＳでつながることができる時代でもありますしね。

そういった多様な選択肢を知らずに、自分の世界は今通っている学校にしかないと思っていると、長い間耐え難い毎日を送らなくてはなりません。
それから、将来の夢が見つからない子どもは、今の自分を取り巻いている環境の中でしか将来を描けないのかもしれません。地方に住んでいて、高校を卒業したら地元で働き、その後親の面倒を見る。それが自分の人生だと思っていたら、将来の夢も描けませんよね。

地元を出てもいいんだよ！
日本を飛び出したっていいんだよ！
自分で決められるんだよ！

決めつけなくても、選択肢はいくらでもあることを伝えてあげることがとても重要です。

自分から「自分は自由に生きる！」と親に宣言できるなら頼もしい限り。遠慮したりあきらめたり、そもそも自由になれるとも思っていなかったりする子が実際にはとても多いです。子どもの視点や世界を、親が意識して拡げてあげられたらとても素晴らしいですよね！

結局、**挑戦できる環境づくりも選択肢の提示も、親子のコミュニケーションが鍵になる**ということです。子どもとの話ができてはじめて挑戦の背中を押すことができるし、アドバイスもできます。

思春期には反抗期を迎え、親子の会話がほとんどなくなるかと思いますが、普段からコミュニケーションを取り、**親子共に本音で語れる関係を築いておくことが何よりも大切**だということだと思います。

ADVICE 2 大きな成長につながるように、ある種の〝勘違い〟をさせる

子育て全般に言えることですが、子どもはほめられて自信がつけば、信じられないほどの成長を見せてくれます。挑戦は子どもを大きく成長させる絶好の機会。その機会を捉えてほめれば、相乗効果でますます成長が期待できます。

ですから、挑戦できる環境を用意して、いざ子どもが挑戦する時にはぜひ思いきりほめてください！

ほめる時に、たとえば「すごくスピーチが上手だね！」と言っても、「上手」は主観ですから、誰が見ても上手なスピーチなのかどうかは

わかりません。もしかしたら、他の人から見ればあまりうまくもないスピーチである可能性もあり得ますよね。

でも、他人の評価など一切関係ありません！　たとえ誰からも認められなかったとしても、親が「上手！」と思っていることが重要なのです。一般的な基準地視点からすれば、笑われるレベルであったとしても気にすることはありません。本気でほめてあげられるのは親であればこそ。勘違いで結構！　調子に乗って努力をしなくなるからとほめないお母さんがいますが、そんなことはありません。

親が心から「上手」だと思ってほめれば、子どもだって「自分は上手なんだな」とある種の〝勘違〟いをします。それは多くの場合、慢心につながるよりも自信となり、実際に成長する原動力となっていきます。

子どもにある種の勘違いをさせることで、それを信じて伸びていく。

それを私は何度も見てきました。

〝勘違い〟がやがて本物を創り上げていくのです。

何より親は子どもに対するハードルをあまり高く上げずに、まずは親が率先して〝幸せな勘違い〟をすることが大切です。

実践 4

ワクワクを育てる

〝ワクワク〟は、挑戦できる環境を用意し、実際に子どもが挑戦を積み重ねていけば自信と一緒に育っていきます。さまざまな経験を通して、自分が何にワクワクするのかを知っていくことになるからです。

あるいは、ワクワクする経験を積み重ねていくことで、ワクワクへの沸点が低くなる、つまり容易にワクワクできるようになるということもあります。「またワクワクできるかも?!」と考えることで、すでにワクワクしますよね！

では、親として実践できることは何でしょうか。

それは、**子どもがワクワクしていると感じ取ったら、一緒にワクワクすること**です。誰だって一人でワクワクするよりも仲間がいた方がもっと楽しくなりますからね。

一緒に遊ぶこと、一緒に映画を観ること、一緒に料理をすること、一緒にゲームをすること……一緒に、すべて思いっきり楽しめばいいのです。

とはいえ、子どもが親の好きなことにワクワクしてくれるとは限りませんね（笑）。子どもはアイドルに夢中だけれど、親はまったく興味がない。たとえばゲームにしてもアイドルにしても、そんなことに時間を使ってほしくないと思う親も多いかもしれませんが、それでも否定せずに子どもがワクワクしているのはどこからきているのかを、理解しようとしてみてください。きっと喜ぶと思いますよ。もしかするとそのワクワクの花が開いて、将来子どもを「著名なアイドル評論家」とか「世界的プロゲーマー」にしてくれるかもしれません！

そうです。**ワクワクが育つと、何より意欲が湧いてきます。その意欲が無限の可能性を開花させ、子どもの未来を創る大事なきっかけになる**でしょう。

ADVICE 3

親こそ挑戦しよう！ワクワクしよう！

子どもの非認知能力を育むことに一生懸命になる前に、お母さんたちにぜひやっていただきたいことがあります。それは、4つのステップ、特にSTEP3、4を自分自身が踏むことです。

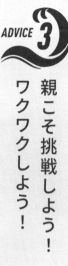

まずSTEP1のリスク管理能力やSTEP2の応用力は、生きる力の基礎的な部分。大人であれば当たり前に身についている人が多いとは思いますが、全員ではありません。

自然の恐ろしさを理解して子どもに語る……悪意ある人から身を守る術を伝える……大切なのはわかっているけれど、いざ語るとなると圧倒的に経験が足りない、そもそも「リスク管理」ということに意識を向けずに生きてきた人もいると思います。自分自身が意識してこなかったのに急に子どもに伝えるのは難しいですよね。

応用力もそうです。何かあれば自分で何でも対処するということをしてこなかった大人は意外と多いんですよ。心当たりありませんか？

自分がものごとに対処できなくて慌てふためいていたら、そんな親の姿を見て育つ子どもが、対処できるようになるはずがありません。何かあっても、堂々と落ち着いて処理をする姿を見せたいものですね。

そこで、次のＳＴＥＰ３とＳＴＥＰ４が重要！

ＳＴＥＰ３の挑戦する環境と選択肢については、まずは「もう大人なんだから」とか「家族のために自分は自由に行動できない」などと自分に制限を与えず、やりたいことを見つけてどんどん挑戦すべきです。

特にお母さんたちは常に家族ファーストで生きているので、いつも自分は後まわし。挑戦なんてとんでもない！　もしくは、もう挑戦するエネルギーなんて残っていない……と思っている方が多いです。

でも、やりたいことはどんどん挑戦して生き生きした姿を見せた方が家族は絶対嬉しいです。そして子どもも「自分もやっていいんだ！」と思えるようになります。

もういい大人なのに今さら？　そう思うかもしれませんが、そんなこと言わないでください！　いくつになっても、何かに夢中になっている姿は本当に素敵ですから。

挑戦を続ければどんどん視野が広がって、「家庭の中で母親である自分」という固定された役割だけでなく、友だちと遊ぶ自分がいてもいいし、何かを学ぶ自分がいてもいいと思えるようになり、結果として選択肢も次々に増えていくでしょう。〝こんな自分〟も認めていくと、自分のことが好きになってきます。

そうなってきたら、ＳＴＥＰ４のワクワクも手に入ります。子どものワクワクのサポートの前に、自分自身のワクワクを見つけましょう！

自分では挑戦もしないいし、ワクワクもしない親に「いろいろな経験が必要よ。何か挑戦してみたら？　ワクワクすることを見つけようよ」と言われても、子どもの心には何一つ響きませんよね。

非認知能力を育てるのに遅すぎることはありません。大人だって、弱い部分があればそれを強化すればいいのです。

子どもは親をよく見ています。挑戦しワクワクする親の姿こそが子どもを刺激して、お互いに主体的にチャレンジするようになっていきます。
まさに自分の背中を見せる教育です。
昔から伝わる教育方法はやっぱり的確なんですね。

chapter 4 ポイント

- ☑ 生きる力が育つのは、
親の関わり方次第。
ちょっと“イジワルな親になる！”
のがポイント！

- ☑「非認知能力」を育てるのに
遅すぎることはない！
人間は死ぬまで
成長できるのだから！

- ☑ 子どもに背中を見せる、そして、
親がワクワクを忘れないことが、
最幸の教育になる！

奥真由美塾長語録

人生は冒険だ！

とてつもない
荒波も絶対に
乗り越えられる

その先には
とてつもない喜びと
感動が待っている！

ジェラートショッププロジェクト やりたいことは、全部やる!!

高校生ジェラートショッププロジェクトは、ＪＲ横手駅の空きスペースの活用についてお声がけいただいたことがきっかけでスタートしました。地元の4つの高校から男女10名が参加し、店の内装、広告宣伝、製造、メニュー作り、接客、販売などすべてを子どもたちが担当、日々話し合い、協力し合い、時にぶつかりながら準備を進めてきました。

ジェラートショップに製造のための研修に行かせていただいたり、メディアの前で記者会見を行うなど、これらの経験は、すべて驚きと緊張の連続でしたが、とても貴重な機会になりました。

ここに参加した動機はそれぞれでしたが、初めこそ自分で参加を決

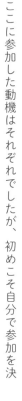

めたものの不安で後ろ向きになりがちだった子もどんどんのめり込んでいき、参加した全員が起業する楽しさ、仕事の厳しさなどを学ぶいい機会となりました。

オープン当日はあっという間に完売！　地元メディアにもたくさん取り上げていただき、順調なスタートを切っています。

これまでキャリア教育コーディネーターとして、高校生起業プログラムを数多く仕掛けてきました。キャリア教育の醍醐味は、失敗を含めたそのライブ感にあります。起業というこれまで大人だけのものだと思ってきた世界に、現役高校生が足を踏み入れ、社会やお金と関わる経験は、少しも目が離せないほど目まぐるしい一方で、日常の学校生活では決して経験することができない魅力に溢れています。

そんな中、まるで羽化する蝶のように、たくましく変化していく子どもたちを見守るのが、私の大きなやりがいとなっています。

chapter 5

失敗したっていいじゃない！
あきらめない心を育てる

失敗しても、辛く悲しいことがあっても、
子ども自身に「あきらめない心」があれば、
何度でも立ち上がって、また前を向くことができます。
そんな「あきらめない心」を
子どもが持つために必要なことって何でしょうか？

一番大切なのはあきらめない心

ここまでで、子どもの「生きる力」は日常生活の中のお手伝いの時間や、遊びなどを通して、大いに育むことができるということを理解していただけたと思います。

無人島プロジェクトのようなサバイバル生活の中で、親からも離れ、何もない環境に置かれなくても、育てる側が意識や視点を変え、環境を作ることで、生きる力を育てることは十分に可能だと思っています。これは生きる力のみならず、人生を成功に導くための王道とも言えるかもしれません。

ここまでの章で、お母さんをはじめとする子どもを見守り育てる大人たちに、私が伝えたいことのほとんどを伝えられたかと思います。

最後の章では、私が子どもたちと接する中でもっとも大切にしていることをお伝えできればと思います。

「あきらめない」ということ

いくつもある非認知能力の中で、どれをもっとも大切にしてほしいですか？と問われれば、おそらく私は「あきらめない心」を挙げるのではないかと思っています。**挑戦や経験を積み重ねていくうえで、「あきらめない心」と「ねばり強く頑張る力」が育っていることが**

何より**大切**だからです。

●**失敗は成功の母**

●**失敗を恐れるな！　挑戦しないことを恐れよ！**

聞き慣れた言葉ですが、これこそが真理なのです。

挑戦しようとする心や、挑戦し続けるその〝プロセス〟こそが大切なのであり、その結果は重要ではない。

そうは言うものの、やはりうまくいかない時はモチベーションが極端に下がったり、心の傷になったりします。

もちろん、常にポジティブでいられるはずもありませんから、失敗すればがっかりもしますし、傷つくこともあるでしょう。そこで大切になるのが「あきらめない心」です。

失敗してしまった時に、また立ち上がる「あきらめない心」がなければそこで終了。それ以上の挑戦も経験も積み重ねることができませんよね。

つまり、「あきらめない心」があることで何度でも挑戦できる。その結果として経験値が増えて、非認知能力がさらに高まっていくことになります。

自己肯定感を高めるためには、小さくても成功体験の積み重ねが大切だと言われます。クリアするハードルは低くてもいいから、たくさん成功する体験をさせることで自己肯定感を高めていくというロジックですが、それは間違いではありません。

ただ、成功が当たり前になってくると失敗を恐れるようになり、いざ失敗した時に立ち直れないというリスクもあります。ですから、そのリスクに備えて「あきらめない心」を子どもにインストールする必要があります。

「あきらめない」心を育てるための親の心がまえ

では、どうすればあきらめない心が育つのでしょうか。

あきらめない心を子どもにインストールするために、親としてとても大切な心がまえを知っていただきたいと思います。

子どもがあきらめない心を発動しなければならない時というのは、おそらく子どもにとって辛いことや悲しいことに直面している可能性が高いからです。

そんな時親としての心がまえを知っておくと、いたずらに子どもに同化することなく、何が起きてもどんと構えて、子どもにとっての道標となりうる行動ができるからです。ぜひ覚えておいてください。

「あきらめない心＝レジリエンス力」を育てる親の心がまえ

① 親自身の意識を変える
② 視点を変える
③ 環境を変える

①は、これまで自分自身が持ってきた意識や考え方などを変えるということです。これはとても難しいように思いますが、時代が変われば価値観もまた変わるものです。もしかすると自分自身の**凝り固まってしまっている意識や考え方を、子どものために思い切って変えてみる**ことをぜひともやっていただきたいのです。

無理やり意識や考え方を変えるのはなかなか難しいことですが、まずは変えてみようと思うことからです。そのうえで学ぶことができるのではないでしょうか。もちろん書籍から学ぶこともできます。自分と同じ立場の親から話を聞くことも、私のような教育の専門家などに相談するのもいいでしょう。意識や考え方が変わることで柔軟な対応ができるようになったり、今までならネガティブに考えてしまったこともユーモアで捉えられるようになるなど、思ってもみなかったことが起きるかもしれません。ぜひチャレンジしていただきたいと思います。

②の視点を変える。これは時に俯瞰し、時に細部にわたって観察するなど、常に一方向から見るのではなく、**起こった出来事を多角的に見るように意識すること**です。そうすることで、これまで見えていなかった子どもの心や、出来事の真実、そして自分が関わるべき方向性など、まるでメガネを掛け替えるかのように視野が広がり、視点が定まることがあります。親自身が改めて自分のことを見つめてみることも大切です。

育児は「育自」とよく言われますが、まさに真理と言えるでしょう。**子どもの身に降りかかることは、親に「気づき」を与えるために起きているのだ**と、自分の子育て経験からも実感しています。すべてはどう捉えるかにかかっていると思います。

そして③の環境を変える。これは、「自ら環境を作る」と解釈していただくとわかりやすいかもしれません。

何かが起きた時、その解決方法がなかなか見つからないことがあったなら、思い切って環境を変えてみることです。

たとえば今不登校であるなら、学校は一択ではないのです。通う学校を変えるという選択肢もあるわけです。そんなふうに環境を変え、環境を作り出すことがとても大切です。

水の流れが止まればやがて腐ってしまうように、ただそこに留まることが最善ではありません。**環境を変えることでものごとが動き出し、**

その結果見えてくることもあるでしょうし、そこで心が整うこともあるでしょう。

いずれにしても親の心がまえについては、「現状を変える」という意味で少しの勇気が必要になるかもしれません。親自身が勇気を持って行動に移すことは、必ずや子どもたちのあきらめない心を育てることへの一助となるはずです。

（究極的にはこれだけでも！大切にしたい2つのこと）

あきらめない心をインストールするために、親としての心がまえをみなさんにお伝えしました。

さてここからは、子どものあきらめない心を育てていく過程で、親として大切にしたいことを、シンプルに2つお伝えしたいと思います。

　子育てするにあたって、大切にすべきことはいろいろとありますが、究極的にこの2つだけでもしっかりと意識しながら子どもに接することができれば、子どもの心はしっかりと育っていくのではないかと思います。

大切にしたいこと①
信頼する

子どもを信じ切ること

子どもを信じ切る。

親としては当たり前のようで、しかも簡単なように思えますが、実はなかなか難しいことです。

子どもを「信じる」とはどういうことでしょう。ここで考えていただきたい言葉が2つあります。「信用」と「信頼」です。いったいどう違うのか？　その差をあまり感じないという人もいるでしょう。でもこの2つの間には大きな違いがあります。

オーストリアの心理学者アルフレッド・アドラー（1870～1937）は言っています。「信用」は、〝条件付き〟で信じること。

たとえば、「テストの結果がクラスで一番だったのね。やっぱり、あなたは良くできる子だわ！」とか、「食事のマナーもわかっていて、食べ方もきれいだから、どこに出しても恥ずかしくない」などの場合「クラスで一番」「食べ方がきれい」という条件付きで信用するわけです。

これに対して「信頼」は〝無条件〟で信じることです。

その子の存在自体を認め、テストの結果などのものさしがなくても心から認めてあげて、食べ方の形式などでジャッジしなくても、どこに出しても恥ずかしくない子だと信じること、これが信頼です。

失敗する恐れを手放して、前向きに挑戦できる子であると信じ切ること。

この違いが子どもに与える影響はとても大きいのです。条件付きの信用の場合、「条件をクリアしないと信じてもらえない」という思考になってしまいます。ですから、失敗したらお母さんから認めてもらえない、信じてもらえないというロジックになってしまうんですね。

一方で、**無条件の信頼を受けると、自分が親に全面的に受け入れられていることが伝わるので、自分の存在そのものに自信が持てるようになります。**お母さんが僕を信じてくれているから、失敗するかもしれないけれど頑張ろう！　失敗でもどんな時もお母さんが信じてくれているからまた挑戦してみよう！　というあきらめない心を育てることにつながっていくのです。

条件などをつけるのではなく、「子どもの存在そのもの」が親にとっては尊く、信頼に値するものだということを本人にも伝えることこそが重要なのです。

つまりすべては「愛」そのもの。

究極的には**「生きて存在していてくれさえすればそれでいい」。**ぜひそのメッセージをいつもどんな形でも伝え続けてほしいです。

信じ切る姿を子どもに見せる

子どもにとって、「親に信じてもらうこと」、さらには親だけなく、「まわりからも信じて応援してもらえること」はとてつもない力を発揮し、また立ち上がるための大切なモチベーションになります。このことは、私自身が実体験として日々強く実感していることです。これまでの59年間、私がいきいきと生きてこられたのは、まさに両親が誰よりも私を信じてくれていたからこそ。今でもそれがとてつもない大きなパワーになっているし、失敗しても何度でも立ち上がる原動力にもなっています。信じてもらえているゆえのパワーは何よりも強いものがあります。

私が子どもたちと接する時大切にしていることはたくさんありますが、中でも最も大切にしていることの一つに、どんな子どもにも「無限の可能性」を感じながら接していることです。分け隔てなく〝信じ切ること〟です。

「あの子にはちょっと無理かな」と思うようなこと、100人いたら100人が不可能だと言うようなことがあったとしても、私は「あの子には必ずできる！」と100％信じて疑いません。

なぜなら、私の信じ切る思いに応えて、奇跡が起きたかのように驚くべき変化を子どもたちは見せてくれるからです。**子どもたちは信頼を絶対に裏切りません。**時間がかかってもすぐに結果が出なくても、彼らは私が信じ切ればそれに対して全力で応えようとしてくれるのです。

大切にしたいこと②
受け止める

順風満帆はあり得ない

子どもに失敗させたくない親はたくさんいるのですが、失敗経験のないまま成長すると、大人になって困難に立ち向かったり失敗を経験した際、対処の仕方がわからず、乗り越えることが難しくなります。だから失敗はある意味で子どもの成長にとって必要な経験なのです。

それに、失敗に限らず何ごとも予想通り順風満帆にいくことばかりではありません。思いがけないトラブルがあったり、何かのきっかけで予想もつかない方向にものごとが進んでしまったりすることはままあります。

そんな時「あきらめない心」は子どもたちがもう一度立ち上がるために大切で大きなパワーになります。

子どもが失敗する姿を見て、親として見ていられない、かわいそうで辛い……といった感情は確かにあります。ただ避けたいのは、自分が子どもと同じように、あるいは子ども以上に、その失敗やトラブルなどに影響されてしまい、まるで自分が当事者かのような気持ちになってしまうことです。実はそんなお母さんがとても多いのです。

どんなに可愛くても、子どもは自分とは別人格であること。

これを忘れてはいけません。

親は親としてどっしり構え、苦しい状況に陥っている子どもを「大丈夫だよ」と受け止めてほしい。そうすることで、子どもたちはどんなに辛いことがあっても強い安心感の中で、苦境に立ち向かうあきらめない心を育てることができるのです。

子どもの存在自体を愛する

〝子どもの存在自体を愛する〟こと。その子がどんな子でも、ただただ無条件に愛しいと思うこと。これは、親にしかできないことです。

お子さんが誕生したその時には、無事に生まれてきてくれたことただそれだけで涙がこぼれ、心から嬉しかったはずです。

それが日々の子育ての中でさまざまな現実に揉まれて、いつしか子どもに対してもっとこうであってほしいという希望がどんどん大きくなり、その欲求がやがて注文、強制、命令へとエスカレートしていくお母さんが増えています。お友だちとうまくやってほしいとか、ちゃんと勉強して成績を上げてほしいとか、反抗せずに素直に言うことを聞く子でいてほしいとか……。

何かの場面で子どもが失敗してしまうと、まるで自分のことのように思いすぎて、恥ずかしいと感じたり失望したり悲しんだりしてしまいがちです。

あの生まれた時の存在自体が愛しいと思えた頃のことを思い出して、**ありのままのわが子を、丸ごと全部受け止める覚悟を持ってください。**

子どもたちのあきらめない心は、そんなお母さんの無償の愛の中で育まれることを、いつも心に留めておいてくださいね。

あきらめない心が人生の可能性を広げる

あきらめない心が育つと、どんな大人になれるのでしょうか。

あきらめない心を持ち、失敗を恐れず何度でも立ち上がれる人は、人生にどんな荒波がやってきても不安なく乗り越えていけます。それは、特に今のような混迷の時代に、強い武器となるはずです。

終身雇用制は崩れ、経済的な強さも失ってしまった今の日本。海外に目を転じても、戦争や感染症、異常気象など問題は山積みです。将来に不安のない環境はどこにもありません。

だからこそ、あきらめない心でどんな荒波をも越える強さを手に入れられれば、それが人生の幸せや豊かさをサポートしてくれるはずです。

多少のリスクは承知で挑戦していける。挑戦せずに人生を終えるよりも、たとえ失敗してもやってみることがどんなに意味のあることか。今の仕事にこだわらずに、環境の変化に合わせていつだって軽やかに転職したり起業したりするのも大いに結構！

このようなことが、人生の可能性をどんどん広げてくれるのです。これからの未来を生き抜くには、あきらめないことが何よりも大事になるような気がしてなりません。

最近本気になったことのない子どもたちがとても多いと感じています。親の庇護のもとでは本気にならずとも生きていけるからです。でも本当に生きるとは、「本気を出して必死で生きる」ことですよね。

ではどうしたら本気になれるのでしょう。やはり環境ではないでしょうか。本気になるという覚悟を決める瞬間は、誰にでもあるものではありません。

覚悟を決めると、想像をはるかに超えた力を発揮できることがわかります。みんなが自分の能力を低く見ていることに気づくでしょう。

覚悟を決めるとやる気のスイッチが入って、さまざまな経験のプロセスの中で、自信を積み重ねていくことに喜びや意義を見出せていきます。もちろんそれだけではなくつまずくこともありますが。

お子さんの本気を見たくはありませんか？

そのためにはあきらめない大人の存在が必要です。一番身近なところでその役割を担えるのはやはり親、とりわけお母さんに担ってほしいと願います。

chapter 5 ポイント

- ☑ あきらめない心があれば、
何度でも挑戦でき、
経験を増やすことができる。
それによって、非認知能力は
さらに高まる。

- ☑ 「信用」よりも、「信頼」。
子どもを信じ切ることで、
子どものあきらめない心は
育つ。

- ☑ 子どもが失敗しても、
生まれた時の「存在自体が
愛しい」と思ったことを
思い出し、子どもを丸ごと
受け止めよう！

奥真由美塾長語録

どんな小さいことでも
やったー！できたー！

達成感の積み重ねが
やがてものすごい
自信をつくる！

それが成果という
形になるんだよ！

子育て座談会

いろんなことがあるけれど、結局愛さえあれば大丈夫！

仕事と子育て——限りある時間の中で、
どちらも大切にしたいと思うのは当然のこと。
悩みながら、それでも前に進もうと
頑張るお母さんにぜひとも読んでほしい、
各業界にて現役でバリバリ働く
先輩ママ3人による座談会です。

育児と仕事。どっちも大事だからこそ、頑張ってきた。

――子育て、仕事ともにご活躍のみなさんですが、これまで子育てで大切にしてきたことを教えてください。

森本千賀子氏（以下森本氏） 自分が幸せであることを子どもたちに見せること。息子たちに対してどうしてあげるじゃなくて、自分がとにかく人生を楽しんでいて、幸せーっていう背中を見せる。以上（笑）！

だから、あんまり母親らしいことはしてないのだけれど、彼らは私を見て、会社とか仕事とかっていうのは、めちゃめちゃ楽しいところなんだなって思ってる。

今息子が、知り合いのところでアルバイトをしていて、彼の仕事ぶりを報告していただく機会があって。仕事への向き合い方がとても真面目で、どうしたらお客様に喜ばれるか、みたいなことを一生懸命考えて働いているって聞いて、私が仕事に向き合っていた姿勢がそのまま伝わっているんだなと、すごく嬉しかったですね。

奥真由美氏（以下奥氏） うちも同じ。上が5歳、下が2歳の時に私塾をスタートしたから、夜はママがいないのが当たり前になっていたんだよね。だから、普段夜はお父さんと一緒に過ごす感じだった。一方の私は、家に戻るのが遅かったから、たとえば時間割を見てあげるとか、宿題を見てあげるとか、そういうのは一度もしたことがないし、次の日の準備とかもしたことがないの。ほとんど夫が見てくれていたし、気がついた時には子どもたちが自分でやるようになっていた。

森本氏　自立してたんだねー。

奥氏　下の子は特にね。2歳だったから、自立が早かったなってすごく思う。うちの場合は、通常の家庭の反対で、お父さんがお母さん代わりみたいな感じだったんだけど、夫は子どもたちと遊びやスポーツを通して本当にうまく関わってくれた。心から感謝しています。

そして一方で、子どもたちは、私が運営している塾に通っていたから、いきいきと母親が教えている姿、仕事をしている姿を見ていたの。楽しく仕事をしている母親を見ていたからなのか、今でもすごくリスペクトしてくれているように感じるし、これが自分の母親の生き方なんだろうって、心から理解してくれているのが伝わる。

自分が
人生を楽しんで、
幸せ！っていう
背中を見せる！
以上（笑）！
── 森本 千賀子

橋本清美氏（以下橋本氏）　私も、6人子どもを産んで育てながら、ずっと仕事をしてきた。だから、〝お母さん〟として常に子どものそばにいたっていうのはなくて、子どもを産んで母乳から離乳食になる半年ほどですぐ仕事！　という状態だった。

「なんのために働くんですか？」って言われたら、当然生活の糧のためではあるけれど、母親として、人間として、自分は世の中のために何ができるのか。そんなことを考えていたなー。

森本氏　自分がこの世に生を受けて、生かされている。今、元気で生きている自分には何ができるか。必ず何か目的があるはずだ、と考えるくせができたのは、ありがたいことだなって思う。

私の場合、上の子が11月に生まれて、その翌年3月には復職したの。でも、初めての子どもだったから、本当なら片時も離さずに一緒にいたいじゃない。それでも復職するためには、保育園に預けなければならない。それまでめちゃくちゃ育てやすい子だったのに、初めて保育園に預けた日、ギャーって大泣きして、とにかく泣きやまなくて……保育士の先生からは「こんなもんですから、お母さん、もう行ってください」って言われて、泣きながら、本当に後ろ髪を引かれながら保育園を出たの。そのあと、私自身も涙が出てきて「この子を預けてまでやる仕事なのか？」って真剣に考えた。やめようか、なんて思い詰めたりもして。でも、彼を引き離してまで仕事をやるならば、絶対に中途半端にはできないなと思った。今でもその時のことが鮮明に思い出されて、だからこそ、誇りを持って仕事をしようって思うんだよね。

橋本氏　私もまったく同じ。自分の体は一つしかないし、自分なりにきちんとご飯を作ったり子どもとの時間を大切にしたりしてきたけれど、やっぱり子どもとずっといる専業主婦の人に比べれば、一緒にいられる時間は少ない。だからこそ質が大事だなって思いながらやってきたよね。

奥氏　私の場合は、上の子が5歳までは専業主婦みたいな感じだったけれど、下の子が2歳になる頃には仕事に復帰したので、同じ兄妹でも対照的だった。専業主婦と仕事バリバリの両方を経験しているから、どちらの立場も理解できる。ただ、なんとなく子育ても慣れてくると、仕事への復帰に関しては、子どもからの後押しのようなものもあったから、上の子の時とは違うなあ……としみじみ思った。

橋本氏　最初の子はね。親にとっても、子どもにとっても初めてのことばかりだから。

森本氏　そうそう。親は完璧にやらなきゃいけない！　みたいなのがあるから。その呪縛で、私、離乳食なんかもちゃんと作って、刻んで……ってやって、自分を追い込んでいた。そんなふうに作ったものを、ベェって出されたりしてね（笑）。

奥氏　やっぱりベビーシッターさんなどをどんどん活用して、人の手を借りたほうがいいね。そうすることで、お母さんが笑顔でいられる時間をつくったほうが子どもたちにとってもいい。

橋本氏　そうそう。それに、子育て本とかも、読まないほうがいい時もあるなと思う。ああしなさい、こうしなさいって書かれている本も多いから。真面目なお母さんは読んで実践しようとして、また自分を追い込んでしまうでしょ。本を読む時間があったら、子どもの顔を見たらいいのよ。もう大体のことは理解できるようになる。たとえば、39度の熱が出ても、子どもの様子を見れば大丈夫だなって思うこともある。やっぱりそれは本じゃなくて、子どもをしっかりと見ることで理解もできるんだよね。

奥氏　そうそう。だからこそ、声を大にして言いたい。お母さん、子どもの本質を見ていますか？　って。

子どもたちに決めさせることの重要性

森本氏　習い事についても、よく見てあげることが必要だよね。子どもが小さい時に、興味を

母親として
人間として、
世の中のために
何ができるかを
── 橋本 清美

持った習い事をいろいろとさせていたんだけれど、ある時教室に行ってないことが判明して。本人に聞いたら、本当は習い事をやりたくないって言うの。

じゃあ何がやりたくて、何がやりたくないの？　って、子どもに選ばせたら、絵画教室だけが残った、ってことがあった。

橋本氏　自分で決めるってことが大切だよね。私の場合は「やりたい」って言うまで、習い事のことは言わなかった。やりたいと思わない時にやらせたって、どっちみち続かないと思ったから。

受験も同じ。志望校は、子ども自身に決めさせる。親の思い通りにしようとして合格すればいいけれど、落ちた時には親子の信頼関係も揺らいでしまう。

森本氏　親子関係もそうだし、本人にとっては大きな挫折になってしまう。

奥氏　やっぱり、小さなことでも本人に決めさせるっていうことが、大前提。どんなに小さい子でも、「どうしたい？」って聞くと、ちゃんと答えられるだけの判断力を持っている。

森本氏　選んだ結果、もしかしたらこれは「あれ違った」と思うこともあるかもしれないけれど、それはそれでとても大事な学びだよね。

橋本氏　失敗することってすごく大事ね。最近は親が失敗させないように、しないようにって子どもの道を整えすぎている。

奥氏　中学でも、自分で決められないし考えたことも判断したこともないって子が多い。

母親の生き方
なんだと、理解し
リスペクトして
くれているように
── 奥 真由美

森本氏　それは、社会人になってもたくさんいるよー。

橋本氏　自分で選ばないで決めてしまうと、もしも失敗した場合「あの時、お母さんが言ったから!」っていう、エクスキューズになってしまうのね。

子育ては気がついた時がスタート

──小さい時の失敗や選択がとても大切なんですね。ただ、もし、子どもがある程度育ってしまっていて、それでもやり直したいと考えた時、どうすればいいでしょうか?

橋本氏　まず、腹を割って話すことが大切。「あれ?」と思いつつも、自分のなかで悶々としたままにするのが一番ダメで、極端な言い方をすれば、自分で産んだ子どものことだから、仮に何かがあったとしても、刺し違えるぐらいの覚悟が必要なことってあるのよね、子育てをしていると。反抗期だろうがなんだろうが、親は怯まないことが大切。

そして、子どもとことんやり合うこと。取っ組み合いのけんかになってもいいの。とにかくお母さんは、あなたが何を考えているのか知りたいということを、覚悟を持って聞くことが大切。ただし、それには子どもをとことん信頼することがベースにないと、絶対にダメだと思う。

奥氏　本気対本気なのが絶対必要だよね。私自身、息子とやり合った時に、そこをすごく感じた。それは絶対に引いてはいけないところ。親が子どもに遠慮して、うまく取り繕うみたいなことは避けたいよね。

森本氏　あとは、その子を一人の人間として認めることは、いつからだっていいと思う。そう思ったタイミングでいいから、その子の意思を尊重してあげる。

うちの息子は今大学生で、私が何かを言うよりも、友だちや先輩から言われたことのほうが影響力が大きい。ここまでくると、私自身は親として彼を手放したなと思うし、彼自身も自分の人生は自分で責任を取る、というふうに昇華できたなと思う。だから今、私が彼にできるのは、もう信じて見守るくらい。

奥氏　うちの息子も今30歳になって、いろいろとお酒を飲みながら、昔のことを話すけれど、驚くのは、子どもって実はほとんどわかっているってこと。

親が必死に気づかれないようにしていたことも、

実はわかっていたっていうことを今になって言われるから本当にびっくりする。すごいよ、子どもって。

お母さんはあなたの味方だよ！って伝えたい

橋本氏　最近の子どもを見ていると、自分は一人ぼっちだとか、誰もわかってくれないっていう状況から抜け出せずに、落ち込んでしまったり、立ち直れないような子が多いように思う。私は、いつも何があっても絶対にお母さんがついてる。何があってもお母さんはあなたの味方だからって、ずっと子どもの耳元でささやき続けている。そうすると子どもたちは、自分は一人じゃないんだって思えるんだよね。

やっぱり母親は、最後の砦になってあげることが大切。辛いけれど、でもお母さんがわかってくれるとか、自分がもし死んでしまうようなことになれば、お母さんが悲しむからそれはしたくない、っていう気持ちが生まれると思うからね。

それは必ずしも母親との関係じゃなければならないわけではなくて、父親とでも、兄弟とでもいいと思う。

私自身は、たとえ自分の子が悪いっていう状況だとしても、「何かあっても、お母さんがあんたの最高の弁護士やから。何がなんでも守りぬくから、なんかあったらお母さんに言うといで」と伝えるようにしてる。

森本氏　それは本当にめちゃくちゃ大事。うちの子は、すごく孤独に強い。孤独に強いのは、どういうことなんだろうとずっと考えていたけれど、本人に聞いてみたら一人でいても、寂しくないって言うの。

最初はね、それっていいのかな……悪くないのかな……と思っていたけれど、ある人から、「それはすごいことですよ」って言っていただいて。そばに誰もいなくても、ちゃんと自分は愛されてるとか必要とされてるっていう実感があるからこそ、一人でいようが知らない人の中にいようが、全然そのことに対して恐怖を感じないんだと。

私自身は忙しくて、一緒にいることは本当に少なかったんだけれど、何かあった時、たとえば

病気だとか困った時には、何をおいても駆けつけるってことをしてきたから、もしかしたらそういうことが通じていたのかなって思っている。

奥氏　うちの場合は、祖父母と同居していたから、祖父母とのつながりがすっごく深い。二人とも今は亡くなったけれど、やっぱり子どもたちにとって、二人の存在は今でもすごく大きい。祖父母から与えられるのは、本当に無償の愛だなと思う。

橋本氏　自分の子どもに対してすることが、次の世代、そのまた次の世代って、ずっと影響を与えるのが本当にすごい。私は事業をしているけれど、子育てはそれよりもはるかに難しくて、一番大切な仕事だと思う。

子育ての答え合わせはまだ先。でもきっと宝物が待っている

――ありがとうございます！　最後に、先輩ママとして、読者のみなさんにお伝えしたいことをお願いします。

奥氏　振り返ってみれば、私はいい母親とは言えなかったと思う。ずっと子どもと一緒にいたわけでもないし、離れている時間も長かったし。でも、30歳と27歳になった息子と娘からは、「寂しかった」とか「辛かった」っていう言葉は一切なくて、それよりも彼らは、「お母さんの背中を見て育ってきたことは、本当に良かったし、心から尊敬してる」と、はっきりと伝えてくれる。彼らのその言葉を聞いて「これで良かったんだ。大丈夫だったんだ」ってようやく思えるようになった。

母親であると同時に、教育者としての自分がやりたいこと、進むべき道。それらを子どもたちも家族も汲んでくれたからこそ、今の私がいる。今、お母さんたちからいろんな相談をされるけれど、どんな人にも、「今は悩んだり苦しかったりと大変かもしれないけれど、いつか必ず子どもから最幸のプレゼントをもらえるから、それを励みに子育てを楽しんでほしい」と伝えるようにしてる。

橋本氏　今ちっちゃい子ども。離乳食からお乳をあげて、まだよちよち歩きで、一日中寝ているのか起きたのかわからないような小さな子ども時代って本当にちょっとなの。子どもって、あっという間に大きくなる。何でもかんでも「お母さん、お母さん」って言われる時期、その時はしんどくてうるさく感じるかもしれないけれど、こんな愛しい時期はあっという間に過ぎるから、私はこの時期の子育てを楽しんでほしいと思う。

それから子育てをしていると、自分は悪い母親なんじゃないかとか、もっとこうするべきなんじゃないかって思うこともあるかもしれない。

でも、子育てに正解なんてないから。

母親というのは、たとえば子どもが溺れた時、神様から「命にかえてこの子を助けますか？」って聞かれたら、迷わず「私の命にかえます。もう目もあげるし、心臓だってあげます」っていう人たちが多いんじゃないかなって思う。その深い愛情さえあったら、絶対に子どもはちゃんと育つ。

自分の愛を、無償の愛をずっと注ぎ続けていった先に、すごい宝物が待ってるって考えて、来るべき日を楽しみに子どもを信じて受け止めてあげてほしいなと思う。

森本氏　私は、自分が息子たちのことが大好きで、ものすごく愛していることを、もっと伝えれば良かったなって思っている。日本人ってどこかで伝えなくてもわかってくれているだろうって思ってしまうところがあるけれど、とりわけ母親と息子の関係だと、照れもあって、伝えきれない人が多いと思う。おそらく息子たちは私の心を感じてくれているけれど、日常的に、もっともっと伝えてあげていればよかったなと今は思っている。ぜひお母さんたちには伝えることを意識してほしい。

それからお母さんたちには、人に頼ってほしいなって思う。一人で抱えないでほしい。助けてって言えたら、必ずまわりの誰かが、絶対助けてくれるから。

あとは、ママ友コミュニティがあるなら、その中に一人だけでもいいから本当に信頼できるママ友がいるといい。子育ての悩みとかを共有したり、共感できたりする人が一人でもいると、お母さんのメンタルが全然違うと思う。私にも、一生涯の友だなって思えるママ友がいる。数は多くないけれど、いてくれるだけで、本当に助けられています。

橋本氏　私たちの年代は、もし頼られたら、もういつでもどうぞ！　待ってますだよね。

森本氏　ハグしてあげる！　お母さんたちをハグです！

橋本 清美　はしもと きよみ

Dojima Sake Brewery UK&Co. CEO
株式会社 堂島麦酒醸造所 副社長
大阪出身、英国在住。1996年、株式会社堂島麦酒醸造所を設立。子育てのために軍事政権下のミャンマーで13年間在住、その後英国ケンブリッジに、10万坪の敷地を購入、酒蔵、日本庭園、イベントホール、レストラン等を建設し、「本物の日本の価値」をイギリスから世界に発信していくプロジェクトを進めている。ケンブリッジのDojima酒蔵で醸造された純米酒「堂島」、ビンテージ貴醸酒「懸橋」は、大阪G20でも振る舞われた。2016年からケンブリッジ大学Japanese Studiesのスペシャルアドバイサー。各種メディアにも多く取り上げられている。

森本 千賀子　もりもと ちかこ

株式会社morich 代表取締役
兼 オールラウンダーエージェント
獨協大学卒業後、25年間リクルートに在籍。大手からベンチャーまで幅広い企業にて人材戦略コンサルティング、採用支援サポート全般を手がけ、当時営業実績は常に社内トップ。2017年に株式会社morich（モリチ）を設立。NHK「プロフェッショナル仕事の流儀」、テレビ東京「ガイアの夜明け」などに出演。

おわりに

いかがでしょう。「生きる力」の必要性を感じていただけましたか？

子どもたちは、まわりの大人たちが枠にはめたり押さえつけたり決めつけたりしなければ、主体性が育ち自ずとその力を発揮するようになります。

学習塾という教育分野の中で点数や成績を上げ、知識を習得させるという役割に疑問を感じていく中で、かつて無人島で暮らした子どもたちがどうやって生きる力をつけていったのかを思い出しました。ポイントは、数値化できない非認知能力を身につけたことにあったことに気づきました。そのための手段が「キャリア教育」だったのです。キャリア教育を学ぶために資格を取りました。全国でも数少ないキャリア教育コーディネーターという資格を取得するための学びが、私の教育人生を大きく変えてくれました。そのおかげで今、地域社会と学校とを繋いだり、多くの企業とつながって職業教育や働き方を教えたり、アントレプレナー教育を進めることで、自らが事業を作ったり起こすといった視点を育成していくことができています。この役割を担ってからは、子どもたちを見る視点が大きく変化しました。私は一人ひとりの神様から与えられた能力を誰よりも見つけ、伸ばすことができる魔術師だと自負しています（笑）。それぞれが持っている能力を見つけ、それを最大限生かすための「場作り」、実際には「高校生カフェ」や「高校生ジェラートショップ」といった実践型キャリア教育の中で、一番大事にしていることは「失敗させること」です。販売も経営も経験にまさる教育はありません。

これからも私は、若い力をサポートしていくために全力を尽くしていきます。主体性をもって自分らしく力を発揮できる子どもたちは、どんな分野でもリーダーシップを発揮できます。その子どもたちが日本のリーダーとなって明るい未来を創っていってくれると心から信じています。

本書を執筆するにあたり、多くの方々にご協力をいただきました。

まず、教育者として尊敬する花まる学習会代表の高濱正伸先生。先生の考え方に共感し、大いに刺激を受けてきたからこそ、本書を執筆することができました。

そして、クローバー出版の小川泰史氏、小田実紀氏、編集の阿部由紀子さんと坂本京子さん、編集協力の尾﨑久美さん。初めての出版をサポートし支えていただきありがとうございました。

大切な同志であり友人として私を見守り、子育て座談会を快諾して下さった橋本清美さん、森本千賀子さん。これからも、母であり女性としてキャリアを発揮しながら活躍し合える関係でいてください。

そしていつもアイディアがひらめくと同時に動き出し、夢中になってのめり込んでしまう私を、半ばあきれながらも応援してくれる家族。強力にタッグを組んでいるチームのように、理解して協力してくれることに心から感謝しています。

最後に、これまで私が関わって向き合ってきたたくさんの子どもたち、共に子どもたちの教育に関わってくださったみなさま。本当に本当にありがとうございます。

子どもたちのキラキラした瞳に魅了されたから、私はずっと教育に携わってこられたのだと思います。決して一人ではできませんでした。子どもたちのために一緒に汗をかいてくださるみなさまがいてくださったからこそ、私自身これまでの自分の考えをこうしてまとめることができました。

本書は、多くの人たちとのかけがえのない「出会い」があって、奇跡のように生まれた一冊です。どうかたくさんの人たちに届いてほしい……。

人生は「冒険」。一人ひとりが目指す目的地に向かっていろいろなことを乗り越え帆を進めていく。生きる方法も答えも教えてない。ただ大海原をたくましく走らせるヨットの羅針盤として導くのが私の役割です。
自分の人生は誰のものでもなく、自分のものだということを私自身の背中を通して伝え続けていきます。

奥 真由美

奥 真由美 おく まゆみ

一般社団法人 Sail On Japan 代表理事
キャリア教育コーディネーター、教育コーチ
中学校の教師を経て、不登校の子どもたちと大型ヨットで日本からミクロネシア諸島の無人島まで片道40日間航海し、そこに家を建てて暮らすという3カ月のプロジェクトに参加。モリで魚を突き、タロイモやバナナを食べて暮らした経験を軸に、世界中の子どもたちとの教育交流を経て日本と海外を繋ぐグローバル教育専門家としても活動。その後、秋田で「生きる力」をつけることを目的とした学習塾、プログラミングスクール、不登校フリースクール、通信制高校を開校。また、キャリア教育コーディネーターとして高校生起業プログラムなどの実践型教育を指導し、「高校生カフェ」や、「高校生ジェラートショップ」をオープンさせ、話題を呼んでいる。
不登校カウンセリング、母親向けの教育コーチング、フリースクールアドバイザーなども含め、30年で約3,000人の子どもたちと2,000人の親をサポート。
今後はキャリア教育を中心とした学校を開校する構想も。
・一般社団法人 Sail on Japan 代表理事
・株式会社 オクシュープラス 取締役副社長
・鹿島朝日高校通信制 横手キャンパス キャンパス長
・秋田県教育委員
・iU大学（情報経営イノベーション専門職大学）客員教授
・秋田県男女共同参画推進員
・住友生命保険相互会社 秋田県総代

STAFF

装丁・デザイン　野口佳大
装丁画・イラスト　ハルヒマチ
校正　伊能朋子
DTP　松本圭司（株式会社のほん）
編集協力　尾﨑久美
編集　坂本京子　阿部由紀子

親しかできない！
子どもの生きる力を育むための本
～子どもが細胞から甦る！
無人島が教えてくれた教育の原点～

初版1刷発行　2023年9月18日

著　者　奥 真由美
発行者　小川泰史
発行所　株式会社Clover出版
〒101-0051
東京都千代田区
神田神保町3丁目27番地8
三輪ビル5階
電話 03(6910)0605
FAX 03(6910)0606
https://cloverpub.jp
印刷所　日経印刷株式会社

ISBN978-4-86734-171-1　C0037